이어령의 교과서 넘나들기

콘텐츠 크리에이터 **이어령** | 글 **김세라** | 그림 **조명원** | 기획 **손영운**

심리편 **5** 마음을 유혹하는 심리의 비밀

살림

생각을 넘나들며 다양한 지식을 익히는 융합형 인재가 되세요!

우리는 지난 몇 년간 엄청난 변화를 겪었습니다. 과학기술과 정보통신기술의 비약적인 발전으로 인해 지난 시절 몇 세기에 걸쳐 누적된 삶의 변동보다 훨씬 더 크고 빠른 변화를 경험해야 했던 것이지요. 스마트폰 같은 디지털 기기들과 트위터, 페이스북 같은 소셜 네트워크 서비스들은 불과 1~2개월의 시간 동안 우리 삶의 방식을 일순간에 바꾸어 놓았습니다. 당연히 지난 시절에 유용했던 생각과 지식 역시 크게 달라질 수밖에 없습니다. 이럴 때 우리 아이들은 미래를 위해 무엇을 준비하고 공부해야 할까요?

저는 이런 이야기를 좋아합니다. 옛날 어떤 사람이 우연히 산속에서 신선을 만났습니다. 신선에게 소원을 말하면 들어준다는 말에 그 사람은 신선을 붙들고 놓아 주지 않았지요. 그리고 신선에게 말했습니다. "저기 저 바위를 황금으로 바꿔 주세요." 다급해진 신선이 지팡이를 휘둘러 커다란 바위를 황금으로 바꾸어 주었습니다. "이제 놓아다오." 그때 그 사람이 눈을 반짝이며 말했습니다. "소원이 바뀌었어요. 그 지팡이를 제게 주세요."

이 이야기는 단순히 고기 잡는 방법을 가르쳐야 한다는 말이 아닙니다. '황금'이라는 창조물에서 황금을 창조하는 '방법'으로 생각을 이동시킬 수 있는 능력이 중요하다는 말입니다. 우리 아이들이 주역이 될 미래는 다양한 방면으로 바라보고 가로지르고 융합할 수 있는 '생각의 능력'이 더없이 중요해지는 시대입니다.

콜럼버스의 일화를 소개할까요. 콜럼버스가 신대륙에 상륙했을 때 어딘가에서 새소리가 들렸습니다. 콜럼버스는 그 새소리를 종달새 소리라고 적었지만, 나중에 밝혀진 바로는 그곳에 종달새는 살지 않았답니다. 콜럼버스는 자신이 알고 있는 지식에 묶여 새(bird) 소리를 새(new) 소리로 듣지 못했던 것입니다. 이런 관습적인 사고가 과거의 생각 방식이었다면 이제 중요해지는 것은 '순환적인 사고'와 '양면적인 사고', 서로 다른 분야를 함께 생각할 수 있는 '복합적인 사고'입니다.

다행히 우리 민족은 이미 오래전부터 이런 사고방식을 부지불식간에 사용하고 있었습니다. 언어적으로 봐도 서양은 한쪽 면만 표현하는 반면 우리는 항상 양면성을 고려했습니다. 고층건물에 있는 '엘리베이터'는 그 뜻을 해석하면 이상합니다. '오르는 기계'라는 뜻이니까요. 우리는 '승강기'라고 씁니다. '오르내리는 기계'라는 뜻이지요. '열고 닫는다'는 뜻의 '여닫이', 나가고 들어온다는 뜻의 '나들이', 이런 어휘들은 양면적인 사고가 잘 반영되어 있습니다.

순환적 사고란 무엇일까요. 가위, 바위, 보에서 '가위'의 의미에 주목해 보도록 하지요. 바위와 보만 있는 세계는 항상 결과가 자명한 세계입니다. 모두 오므리거나 모두 편 것, 이것 아니면 저것만 있는 세계에서는 다양함이 나올 수 없습니다. 그러나 '가위'가 있어서 가위, 바위, 보는 예측 불가능한 결과를 가져올 수 있는 다양성을 갖게 됩니다. 우리는 바로 그 '가위'와 같은 것을 상상해 내고 생각할 줄 알아야 합니다.

그러자면 서로 다른 분야를 넘나들면서 다양한 지식을 융합적이고 통섭적으로 습득해야 합니다. 쓰고 남은 천들은 버려지는 것이 아니라 조각보로 훌륭하게 다시 만들어질 수 있고, 배추 쓰레기가 '시래기'라는 웰빙음식으로 재탄생할 수 있게 만드는 지식의 습득과 활용이 필요합니다.

그렇게 자라난 우리 아이들은 과거와는 다르게 모두가 1등이 될 수 있는 사회에서 풍요로운 삶을 살 수 있을 것입니다. 저는 늘 이렇게 말합니다. "남다른 생각과 지식을 가지고 360도 방향으로 제각기 뛰어나가 그 분야에서 1등이 되어라. 옛날처럼 성적순으로 1등부터 꼴찌까지 줄 세우는 시절이 아니다. 그렇게 저마다의 소질과 생각에 맞는 분야에서 1등이 되어 손 맞잡고 강강술래를 돌아라. 그런 아름다운 세상에서 살아라."라고 말이지요.

스티브 잡스는 스탠퍼드 대학교의 엘리트들에게 이렇게 말했습니다. "Stay hungry, stay foolish!" 졸업하면 성공이 보장된 인재들에게, 그리고 최고의 지성으로 무장한 졸업생들에게 '항상 바보 같아라'라고 말한 것은 어떤 의미일까요. 기존의 지식으로 무장한 사람일수록 세상을 바꿀 뛰어난 생각은 바보같이 느껴진다는 의미가 아닐까요. 현재의 관점에서 불가능할 것 같고 황당하고 쓰임새가 없어 보이는 상상 속에 우리가 예측하지 못했던 엄청난 혁신과 가치가 숨어 있다는 것을 스티브 잡스는 말하고 싶었던 겁니다.

〈이어령의 교과서 넘나들기〉가 우리 젊은 학생들이 그런 행복한 미래(future)에 대한 비전(vision)을 갖는 데 꼭 필요한 융합형(fusion) 교양 지식을 익히고 생각의 넘나들기를 익힐 수 있는 좋은 계기가 되기를 바랍니다.

이어령

지식 대융합 시대의 창조적 교양인을 꿈꾸는 여러분께

현대 사회는 'T자형 인간'을 요구한다고 합니다. 'T자형 인간'이란 자기 분야는 물론이고, 다른 분야에도 깊은 이해가 있는 종합적인 사고 능력을 가진 사람을 일컫는 말입니다. 'T'자에서 '―'는 횡적으로 많이 아는 것을, 'ㅣ'는 종적으로 한 분야를 깊이 아는 것을 의미하지요.

왜 현대 사회는 T자형 인간을 원할까요? 그 이유는 21세기가 '지식 대융합의 사회'를 지향하고 있기 때문입니다. 현대는 하루가 다르게 새로운 개념의 첨단 전자 제품이 나오고, 그것이 우리의 지식 정보 전달 시스템을 통째로 바꾸고, 그 결과 문명의 방향이 달라지는 시대입니다. 이 변화무쌍한 현실을 이해하고 이끌어 나갈 수 있는 힘은 오로지 창조적이고 통합적인 상상력과 직관을 가진 'T자형 인간'으로부터 생산되기 때문입니다.

하지만 우리의 현실을 보면 앞이 아득합니다. 'T자형 인간'이 되어 21세기 대한민국을 이끌고 나가야 할 청소년들은 빡빡한 학교 수업과 학원 일정에 쫓겨 다람쥐 통의 다람쥐처럼 제자리 돌기만 하고 있습니다. 학교와 교과서를 통해 배운 지식을 단순히 입시 수단으로만 여기고 있습니다. 학교에서 배운 지식을 다른 지식과 잘 연결하고 융합시켜 지적 능력을 키우는 일에는 관심 밖입니다.

〈이어령의 교과서 넘나들기〉 시리즈는 안타까운 우리 청소년들의 지적 현실을 타개하기 위해 만든 책입니다. '5천 년 인류 문명이 이룩한 모든 교양을 만화로 읽는다.'는 생각으로 만화가 가지는 유머와 재미라는 틀 안에 그동안 인류가 축적한 다양한 지식을 담았습니다. 단순히 한 가지 학문만을 다루는 것이 아니라 다양한 학문이 통합된 융합형 교양 지식을 담아 청소년들이 현대 사회를 창조적으로 살아갈 수 있는 능력을 기를 수 있도록 만들었습니다.

앞으로 디지털, 과학, 문학, 심리, 경제 등 인류 문명의 토대가 되는 지식을 담은 재미있고 명쾌하지만 결코 가볍지 않은 멋진 만화책들이 차례로 독자들 앞으로 찾아갈 것입니다. 우리 청소년들이 이 책들을 읽고 '지식의 대융합 시대'를 선도하는 'T자형 인간'을 꿈꾸는 모습을 보기를 간절히 소망합니다.

기획 손영운

우리 생활과 아주 가까운 심리학의 세계로 떠나 볼까요?

여러분은 혹시 'A형은 소심하다', 'B형은 변덕스럽다' 등의 혈액형에 따라 성격이 다르다는 이야기를 믿나요? 사실 혈액형과 성격은 아무 관계가 없습니다. 소심하다거나 변덕스럽다는 건 누구에게나 해당되는 보편적인 성질인데 우리는 그런 성질이 자기에게만 해당된다고 여기는 경향이 있는 거랍니다. 이를 '바넘 효과'라고 합니다. 설마 굳게 믿었던 혈액형 성격론이 근거가 없다는 것을 알고 심기(心氣)가 불편해진 건 아니겠지요?

심리학은 이렇듯 우리 생활과 아주 가까이 있는 학문이고 또한 우리 생활의 거의 모든 측면과 밀접하게 연관되어 있습니다. 심리에 관한 기본 지식을 알아두면 도움이 될 때가 많습니다. 예를 들어, 미운 짓을 하는 사람이 있더라도 그가 왜 그렇게 행동하는 건지 그 '배경'이 궁금해지면서 그 사람을 총체적으로 이해해 보려는 시도를 하게 될 테니까요.

'심리학 열풍'이라는 말이 나올 정도로 언제부턴가 심리학에 관련된 책들이 많이 출간되고 있습니다. 우리나라에서도 심리학이 점차 여러 분야에서 널리 활용될 것입니다. 이 책이 여러분의 '마음'을 밝히는 작은 등불이 되면 좋겠습니다.

글 김세라

타인의 마음을 헤아릴 수 있는 계기가 되면 좋겠어요.

심리란 무엇일까요?

일반적으로 마음의 작용과 의식의 상태를 말하는 단어로 쓰이는 심리에는 수많은 현상들이 있죠. 예를 들어 대중심리, 민족심리, 사회심리, 학생심리, 유아심리 등 살아가면서 나 자신이 느끼는 모든 것들이 심리와 연관되어 있다고 봐도 틀린 표현은 아닐 듯싶네요.

심리에 대해 왜 연구하게 되었을까요? 다른 사람의 마음을 알고 싶다거나 내 마음이 다른 사람에게 어떤 모습으로 비칠지 궁금해서 시작된 것이 심리학의 출발점이라는 생각이 듭니다.

심리편의 그림 작업을 하면서 사람들의 생각과 마음을 어떻게 그려야 이해하기 쉽게 표현할 수 있을까 하는 고민을 많이 했습니다. 여러 심리학 서적과 그림을 찾아 공부하며 우리들의 마음을 하나하나 끄집어 내 그림으로 옮겨 보았습니다.

물론 부족한 점이 있겠지만 여러분에게 이 책이 본인의 마음뿐 아니라 주변 사람들의 마음을 둘러볼 수 있는 사람이 되는 데 도움이 되는, 가치 있는 만화가 되었으면 좋겠습니다.

그럼 지금부터 우리들의 마음속에 어떠한 생각들이 숨어 지내고 있는지 여행을 떠나 볼까요? 자, 출발~.

그림 조명원

이어령의 교과서 넘나들기

심리편 **5**

1장 우리의 마음은 과연 어떤 모습일까?

우선 역사책을 펼쳐 볼까?
독재자, 성자, 혁명가, 열사 등 수많은 위인과 선인, 악인들이 잔뜩 등장하지?

이제 위성 DMB를 볼 수 있다면
뉴스를 한번 틀어 보도록!

사기꾼, 살인범, 자원봉사자, 기부자 등등
다양한 종류의 사람들을 만날 수 있을 거야.

옆에 있는 친구들은 또 어때? 모범생, 반항아, 의리파,
말썽꾸러기 등 저마다 독특한
성격을 가지고 있지?

이제 거울을 들여다보면
'나'라는 사람이 보일 텐데,

사람의 '속'이란 제각각이고 복잡하며 역동적이라는 거지.
그러니 때로는 자기도 자기 마음을 잘 모를 수밖에.

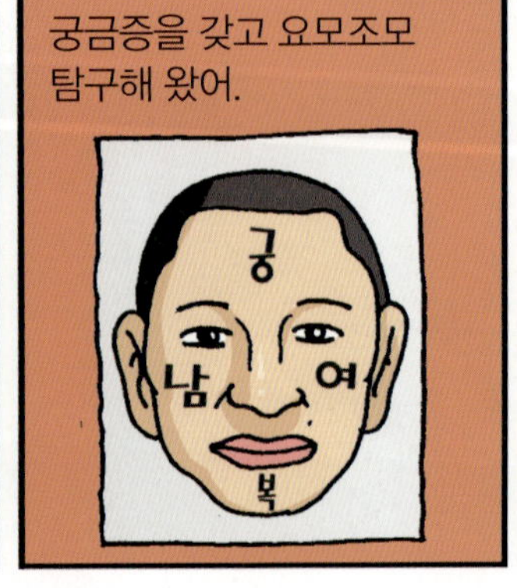

심리학이 철학에서 분리되어 독자적 학문으로 자리매김하게 된 것은 19세기 후반부터야.
독일의 심리학자 에빙하우스가 남긴 "심리학의 과거는 길지만 그 역사는 짧다"라는 말로 알 수 있지.

헤르만 에빙하우스
(Hermann Ebbinghaus, 1850년~1909년)

독심술(讀心術) : 상대편의 몸가짐이나 얼굴 표정 등으로 속마음을 알아내는 기술.

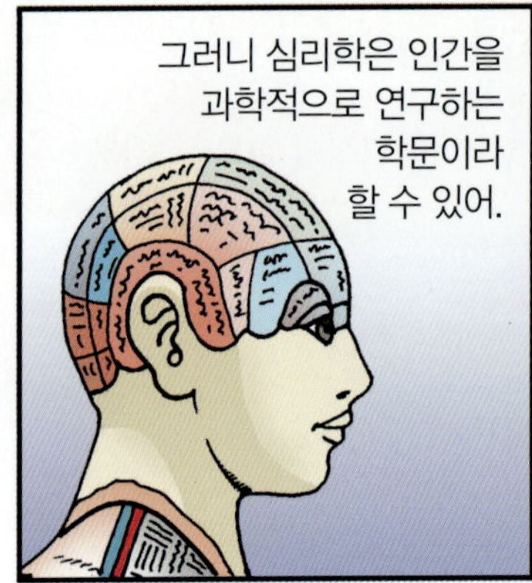

그러니 심리학은 인간을 과학적으로 연구하는 학문이라 할 수 있어.

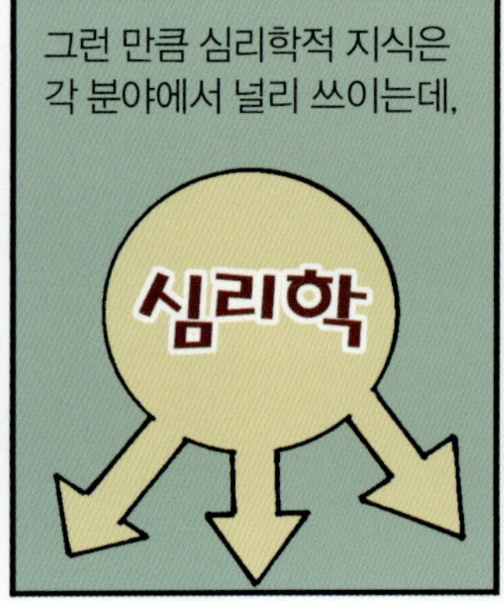

그런 만큼 심리학적 지식은 각 분야에서 널리 쓰이는데,
심리학

특히 미국을 비롯한 선진국에선 심리 전문가들이 대활약을 펼치고 있지.

또한 산업심리학, 범죄심리학, 색채심리학, 스포츠심리학 등 다양한 분야에서 응용돼.
할 수 있다.
옷 색깔이 너무 예쁘다.
잘 해 봅시다.
힘 내세요.

또한 지금은 여러 학문들이 서로 벽을 허물고 협력하는,
심리학
과학

이른바 학제(學制) 간 연구가 대세야.
철학
논리학
심리학
자연과학

심리학은 이러한 흐름과도 관련이 깊어서

학제 간 공동연구 프로그램의 단골 멤버이니, 학문의 컨버전스(융합) 시대를 이끄는 일등 공신이라고 해도 과언이 아니겠지?
심리학

그럼 이제 슬슬 본론으로 들어가 볼까?
본론

그러자면 심리학의 중심 주제인 '마음'을 먼저 짚고 넘어야 하는데,

마음은 과연 무엇일까?

사전에는 '다른 사람이나 사물에 대하여 감정이나 의지, 생각 따위를 느끼거나 일으키는 작용이나 태도' 등 그 의미가 무려 일곱 가지나 나와 있지만
ink

여기서는 그냥 간단하게 '인간의 정신 활동'이라는 뜻으로 쓰겠어.

누구 마음대로 그러느냐고?

어차피 심리학자 모두가 동의하는 정의는 없거든.

세계적인 학자들도 마음이 뭐냐고 물으면 섣불리 대답을 못하고 머뭇거린다잖니?
애매하지?
정확히 꼬집어 말하기가…

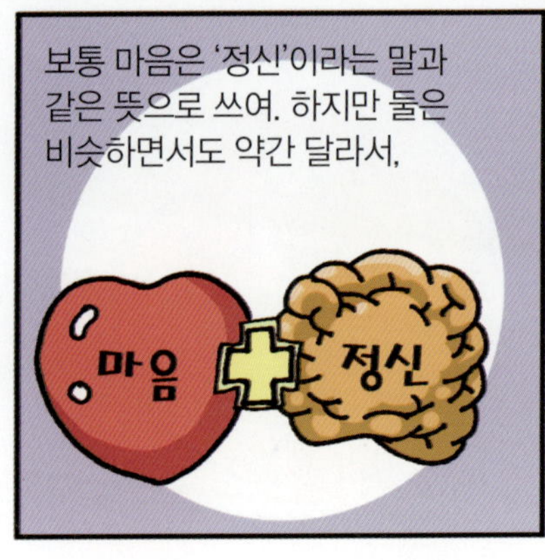

보통 마음은 '정신'이라는 말과 같은 뜻으로 쓰여. 하지만 둘은 비슷하면서도 약간 달라서,
마음
정신

마음이 보다 더 개인적이고 주관적인 의미로 쓰이곤 하지.

마음은 때로 '의식'의 동의어로 사용되기도 해.
의식
하이~.

그럼 의식은 또 무엇이냐 하면, 개인적인 경험에 따른 마음의 작용을 통칭하는 것이랄까.
으흐흐
으악!

그 말이 그 말 같아서 '정신'이 없다고?

'의식'을 잃을 지경이라고?
꼬르륵...

하긴 마음의 의미가 막연한 건 사실이야.

볼 수도, 만질 수도 없으니 그 실체를 더더욱 알기 어려울 수밖에.
제발 마음의 문을 열어 줘요.
흥!

아, 방금 인터넷 게시판에 그런 마음이 과연 정말 존재하는 것인지를 증명할 수 있냐는 질문이 올라왔군.

눈에 보이지 않는 에너지도 과학적으로 그 존재를 입증할 수 있듯이
전기 충격.
찌르릉
찌릿!

마음도 뇌의 물리·화학적 작용에 따라 그 움직임이 변하는 것을 확인할 수 있어.
뇌작용
마음
마음

그럼 마음은 어떤 방식으로 존재할까?
흥!
대체 몸의 어디에 있는 걸까?
?

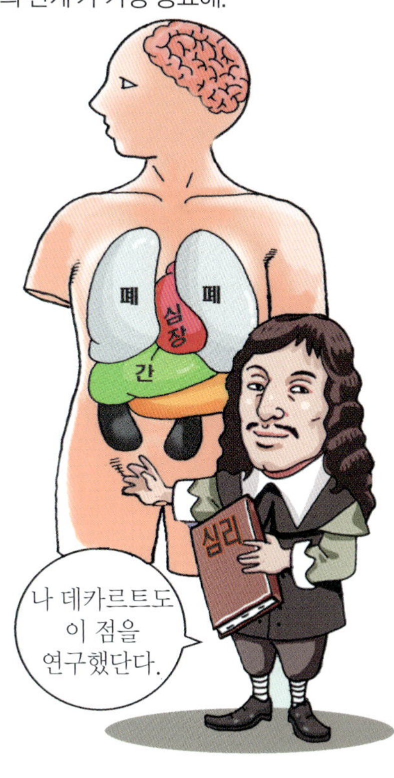

사실 옛날부터 마음의 본질은 철학의 중심 주제였어. 지금도 철학의 한 분야인 심리철학에서는 이 '몸과 마음의 관계'가 가장 중요해.
폐
심장
폐
간
심리
나 데카르트도 이 점을 연구했단다.

옛날 사람들은 마음이 심장에 있다고 생각했어. 사후 세계를 믿었던 고대 이집트 인들은 미라를 만들 때 다른 내장과 달리 심장은 시신에 그대로 남겨 두었어.

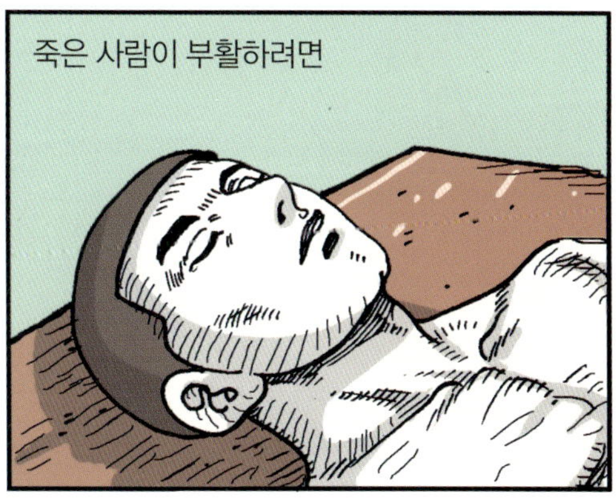

죽은 사람이 부활하려면

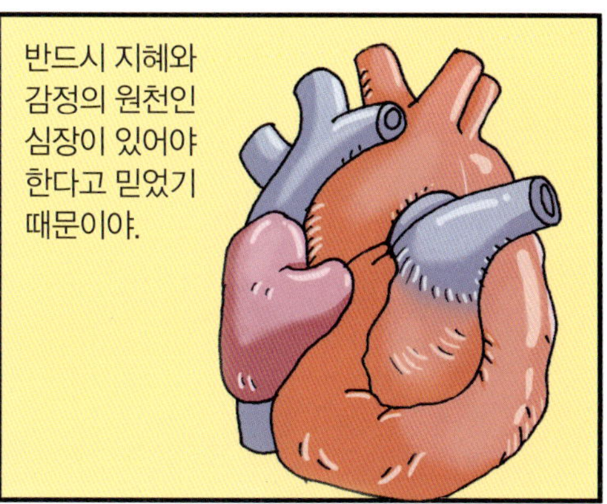

반드시 지혜와 감정의 원천인 심장이 있어야 한다고 믿었기 때문이야.

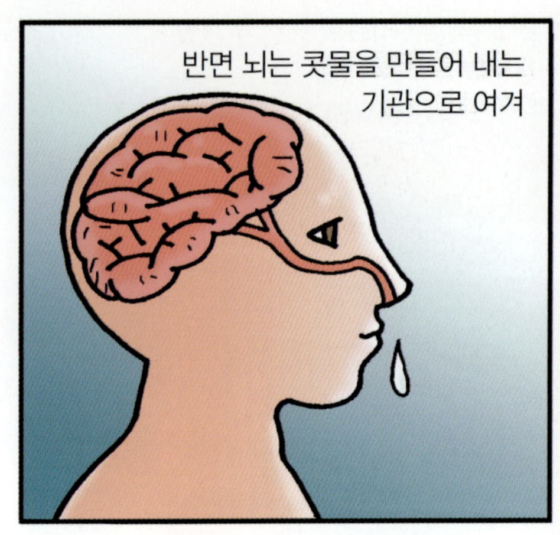

반면 뇌는 콧물을 만들어 내는 기관으로 여겨

콧구멍에 긴 갈고리를 넣어 뇌를 꺼내

그냥 내다 버렸지.

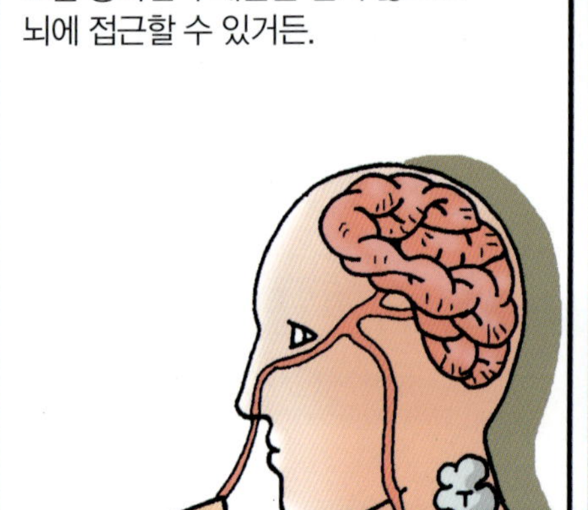

코를 통하면 두개골을 열지 않고도 뇌에 접근할 수 있거든.

격투기 종목의 최홍만 선수도 코를 통해서 뇌수술을 받았단다.
니킥!

심장을 마음의 근원으로 본 것은 고대 중국도 마찬가지야. '마음 심(心)'이 심장의 모양을 본뜬 상형문자라는 것에서 알 수 있을 거야.
心
세상 만사 모든 것은 마음 먹기 달렸다는 걸 우린 일찍이 깨우쳤노라. 헛헛헛.

우리말에도 '강심장이다', '가슴 아프다', '가슴 졸이다' 등 마음을 심장(가슴)에 비유하는 표현이 많잖아.
한판 붙자!

뜨거운 피를 내뿜는 심장을 마음의 진원지로 보았던 먼 옛날부터의 관습 때문 아닐까? 이는 고대 그리스인들도 마찬가지였어.

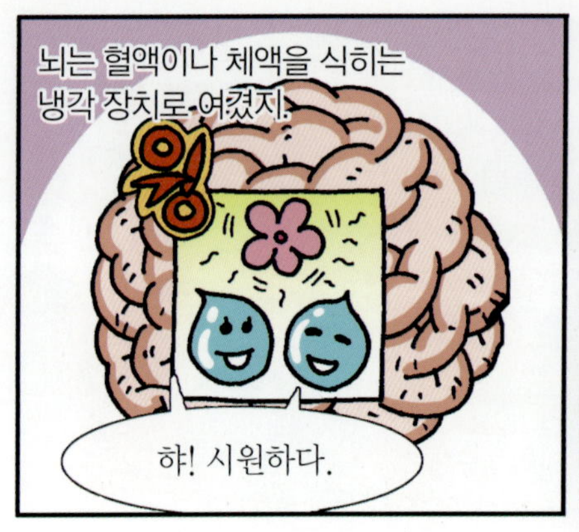

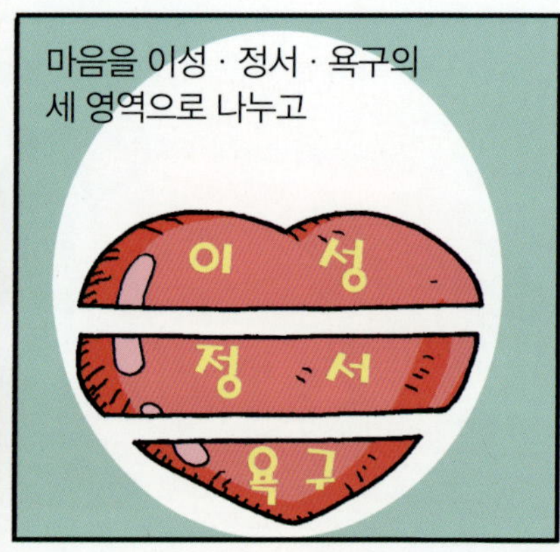

그중 가장 중요한 이성은 뇌에, 정서는 심장에, 욕구는 간장에 위치한다고 생각했단다.

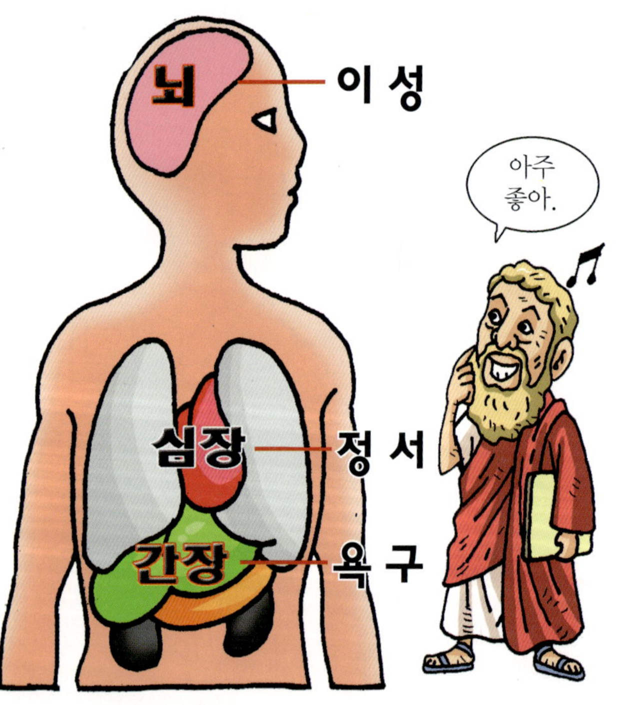

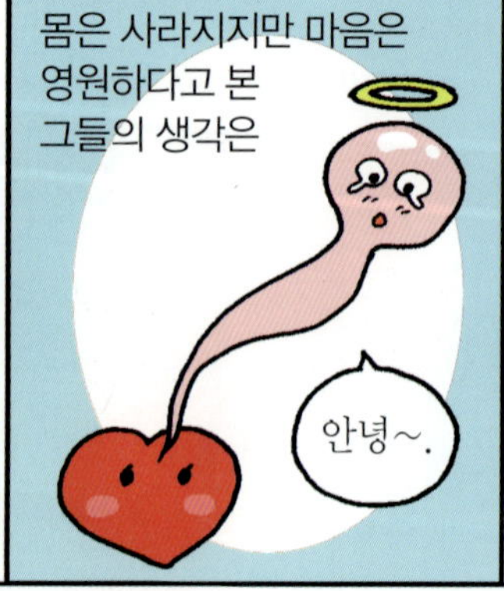

근대로 접어들던 17세기에 데카르트는 몸과 마음을 각각의 독립된 실체로 보는 '심신이원론'을 확립했어.
몸은 자연법칙에 따라 움직이는 기계 같은 것이고 마음은 그것과는 다른 차원의 신비한 것이라는 거지.

심신이원론(心身二元論) : 인간의 신체에서 정신적인 것과 물질적인 것이 분리되어 있다는 이론.

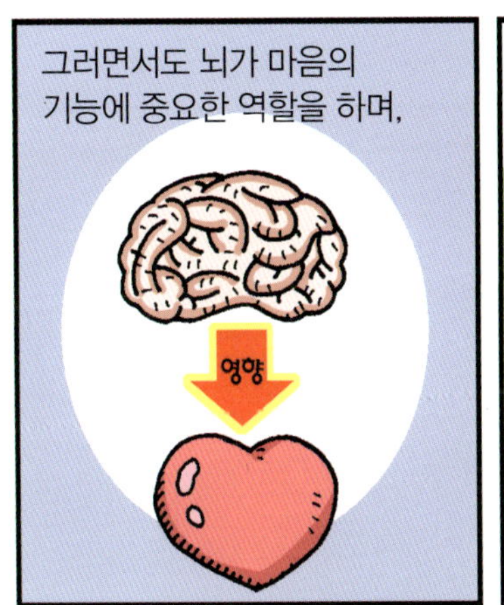

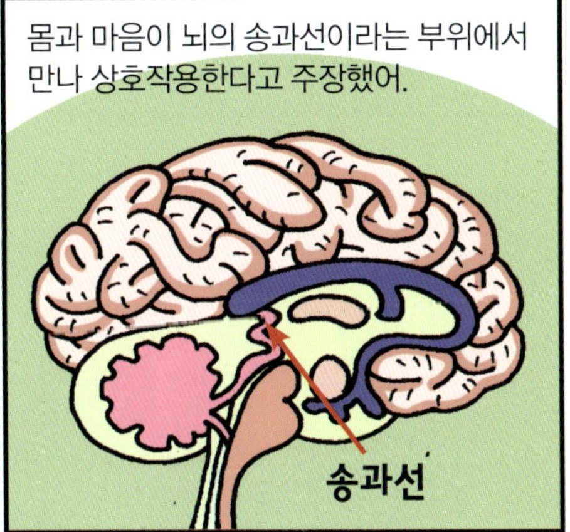

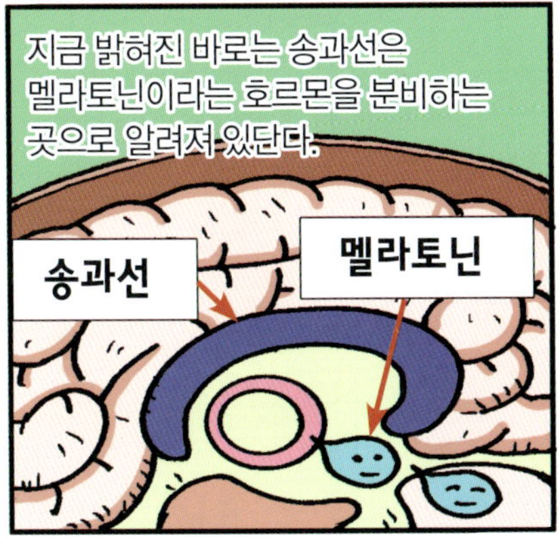

멜라토닌 : 뇌의 송과선에서 분비되는 호르몬으로 생체 리듬을 조절하는 역할을 한다.

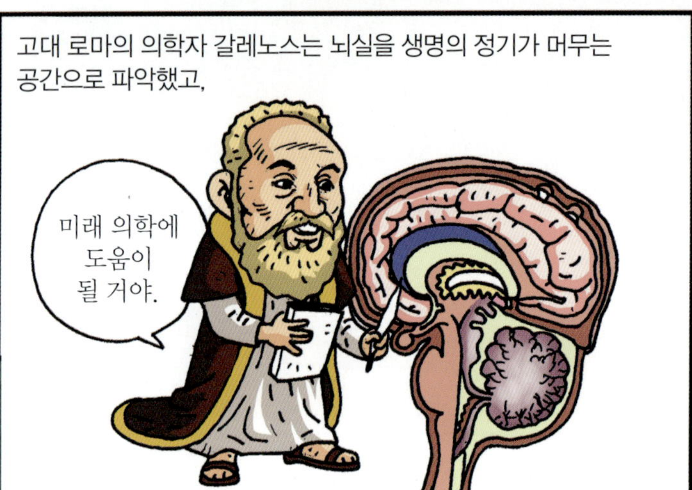

갈레노스(Claudios galenos, 129년~199년)

뇌실 : 뇌척수액으로 가득 차 있는, 뇌 안의 빈 공간.

15세기에 레오나르도 다 빈치는 죽은 소의 뇌실에 왁스를 녹여 부어 정확한 뇌실의 형태를 밝혀냈어.

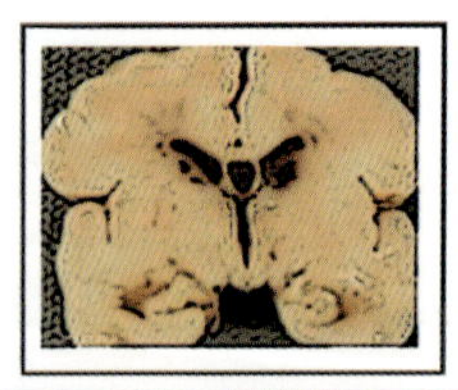

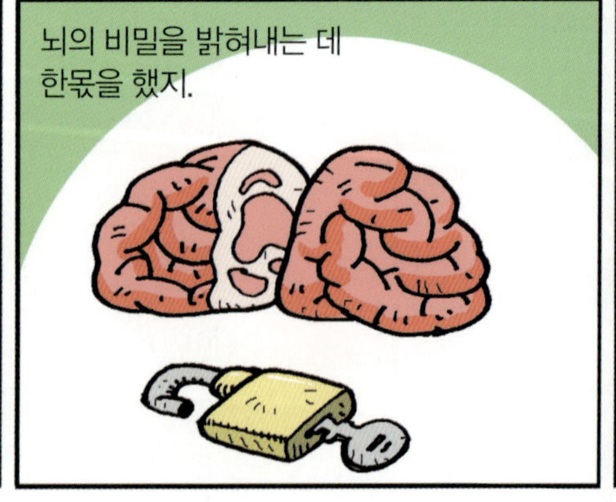

베살리우스(Andreas Vesalius, 1514년~1564년)

토마스 윌리스(Thomas Willis, 1621년~1675년) : 17세기 신경해부학자.

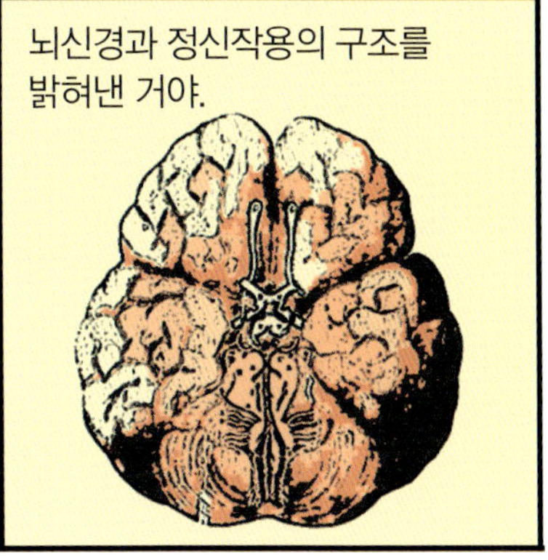

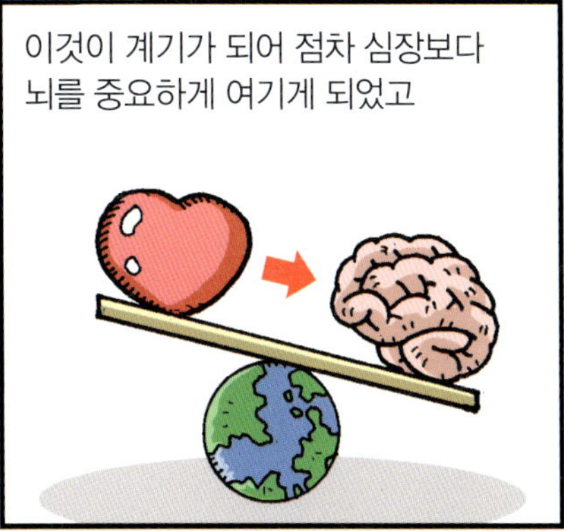

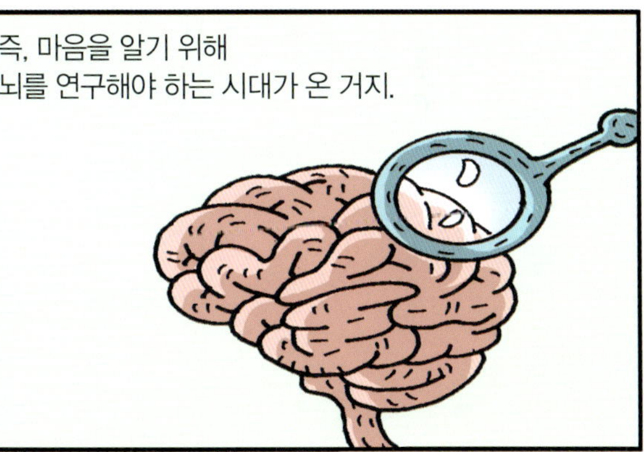

이제는 데카르트 같이 이원론을 주장하는 사람은 거의 없단다.

동양에서는 옛날부터 마음과 몸이 연관되어 있어 서로 영향을 주고 받는다는 일원론적 사고를 해 왔거든.

사실 동양에서는 이런 일원론이 그리 새로운 것은 아니야.
일원론

이러한 관점은 동양 철학자들이 남긴 글에도 나타나고,

우리말에도 '신경 쓰다', '신경을 건드리다', '신경을 곤두세우다' 등 마음과 신경(몸)을 연관 짓는 표현들이 많잖아.
멍멍
삐용
신경 쓰이잖아!

그러나 모든 심리 현상을 뇌의 작용으로 볼 수 없다는 견해도 있단다.
히히
BABOO

인간의 정신 현상에는 뇌의 작용을 초월하는, 독립적인 부분이 있다는 거야.
바보래요!
바보래요!
젊은 녀석이
쯧쯧…
BABOO

또한 마음을 뇌의 작용으로만 볼 것이 아니라
왠지 마음이 쓸쓸해…

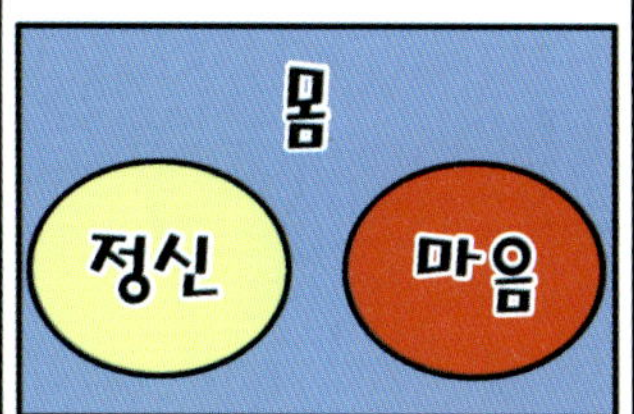

온몸의 세포 연결망 차원의 현상으로 봐야 한다는
주장도 있어.

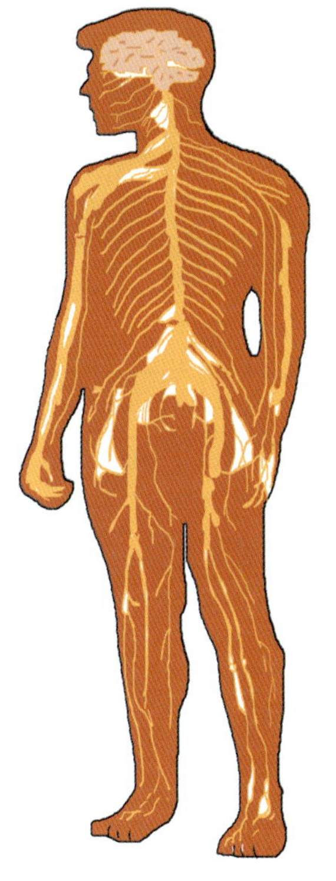

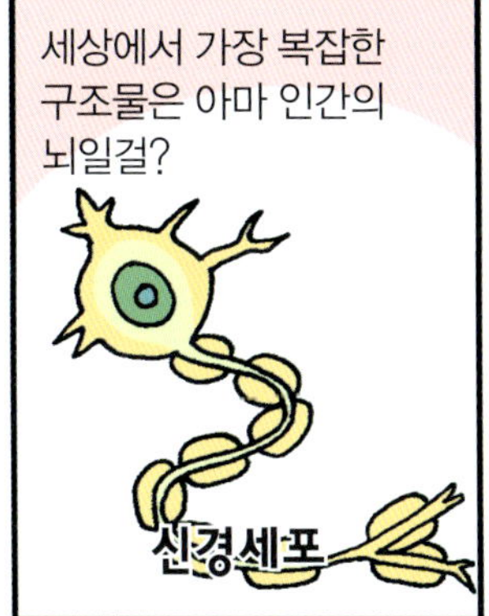

천문학적인 수(100조 개 이상)의 신경 결합은
지각, 학습, 기억, 추리 등 모든 고차원적 정신 활동의 원천이야.
그만큼 뇌가 소비하는 에너지도 많아서

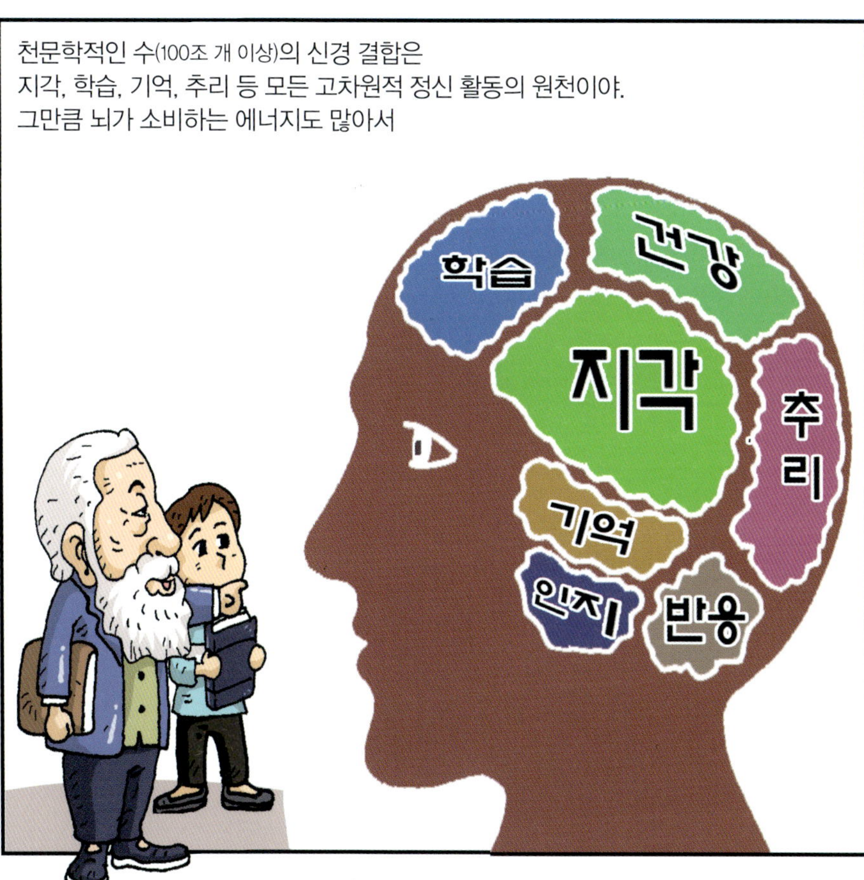

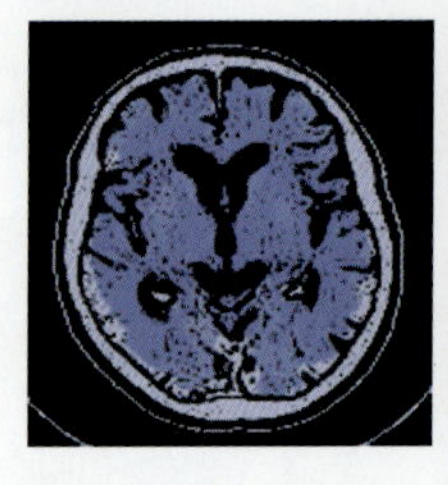
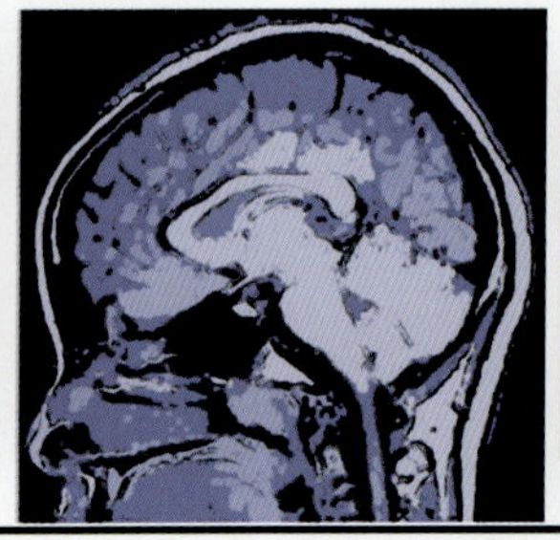
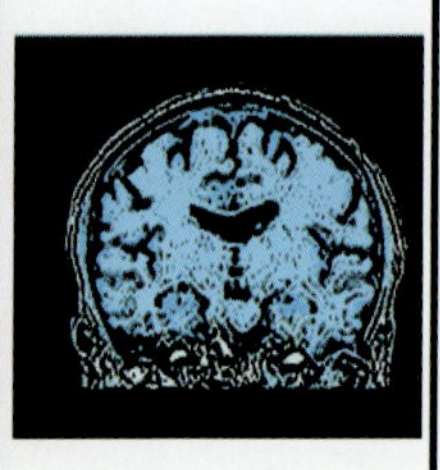

뇌영상 기법

죽은 사람의 뇌를 해부하는 것이 고작이던 뇌 연구는 뇌영상 기술의 발전에 힘입어 한 단계 발전하였다. 방사선 의학의 발달 덕분에 살아 있는 뇌의 활동상황을 영상으로 볼 수 있는 기기들이 개발된 것이다. 특히 fMRI(기능성 자기공명영상)는 뇌를 단층 촬영해 실시간으로 뇌의 활동을 보여 준다.

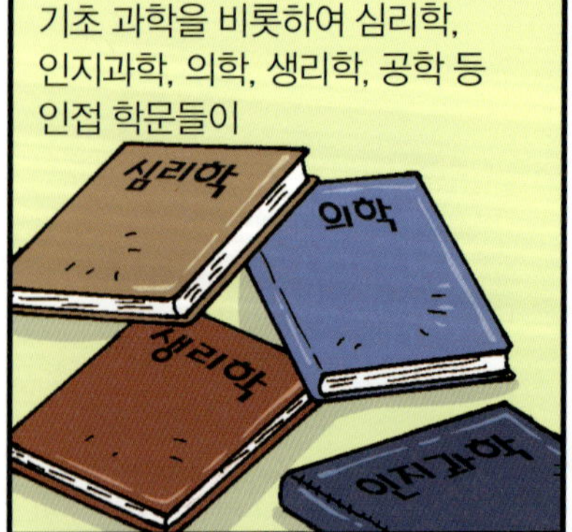

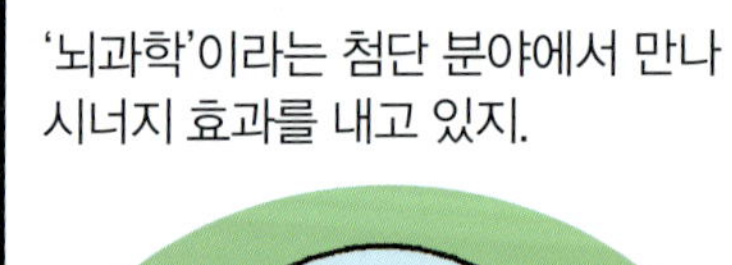
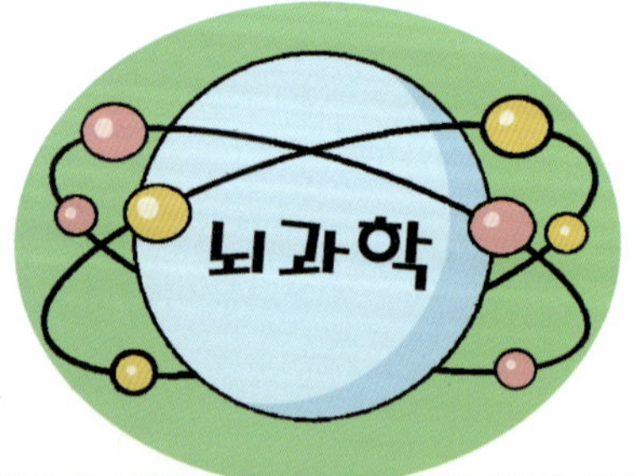

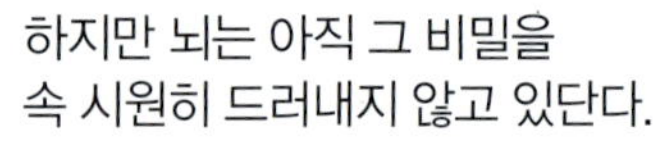

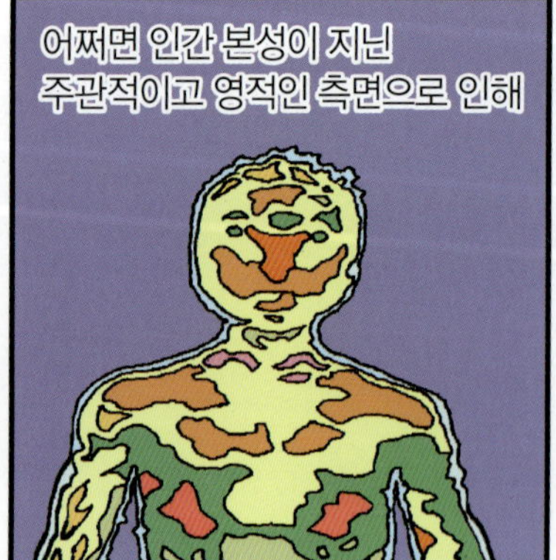

어떤 부분은 영원히 미지의 영역으로
남을지도 모르지.

물론 그에 대한 인간의 도전은
계속되겠지만 말이야.
뇌과학
휘이잉

열 길 물속은 알아도 한 길 사람 속은
모른다지만,
뜨거운 물.
아~
시원하다.

이 책을 통해 사람의 심성과 심리에
대해 알고 나면,
심리

알찬 소득이 있을 거야.

빨리 다른 장을 읽어 보고 싶지?
심리

집중력이 떨어진 친구가 있다면
마음을 다잡아
여기 집중해 봐!
우~
우~

모든 것은 마음먹기
나름이니까 말이야.

인간의 뇌 속에 마음이 들어 있다고?

1848년 9월 13일, 미국 버몬트 주의 철도 공사장에서 피니어스 게이지 (Phineas Gage)라는 20대 노동자가 폭발 사고를 당했어. 그는 이 사고로 길이 110cm, 지름 3cm, 무게 6kg의 커다란 쇠막대가 왼쪽 광대뼈 부근부터 머리를 관통하는 끔찍한 부상을 입었지. 처참한 상처에도 불구하고 그는 다행히 의식을 잃지 않았고 생명에도 지장이 없었어.

그러나 사고 후 그는 너무나 달라져 버렸어. 기억력이나 계산 능력 등 지적 능력에는 별다른 변화가 없었으나 인성이 180도 돌변한 거야. 온화하고 예의바르고 신중하다는 평을 듣던 사람이, 변덕스럽고 고집스럽고 무절제하고 산만한 사람으로 변해 다른 사람들과 함께 일을 할 수 없는 지경이 되었지.

그는 그 후 정상적인 사회생활을 하지 못하고 13년 후 사망했어. 당시 그의 주치의는 그러한 인성 변화를 전두엽 손상에 의한 것이라 생각해 그의 가족을 설득하여 게이지의 두개골을 하버드 의대 박물관에 기증하도록 했어.

1990년대에 신경의학자 안토니오 다마지오 (Antonio Damasio)는 게이지의 사례에 흥미를 느껴 컴퓨터로 그의 뇌를 복원하여 분석했어.

다마지오는 게이지의 왼쪽 전두엽과 변연계가 손상되어 반사회적인 성격으로 변화한 것이라는 결론을 내렸어.

대뇌의 40% 정도를 차지하는 전두엽은 이성적 사고를 관장하는 부위이고, 전두엽과 밀접한 관계가 있는 변연계는 공포와 분노, 증오와 쾌락 등의 감정을 담당하는 곳이지.

또한 다마지오는 종양이나 사고 등으로 전두

사고 후 피니어스 게이지의 모습

엽에 손상을 입은 12명의 환자를 비교 연구했어. 이들은 게이지와 마찬가지로 기억이나 계산 등의 활동은 정상적으로 수행했지만, 미래를 계획하지 못하고 타인과 어울리지 못하며 자신의 행동이 타인과의 관계에 어떤 영향을 미치게 될지를 파악하지 못하는 등 대인관계에 지장을 초래할 정도로 심각하게 인성이 바뀌었어.

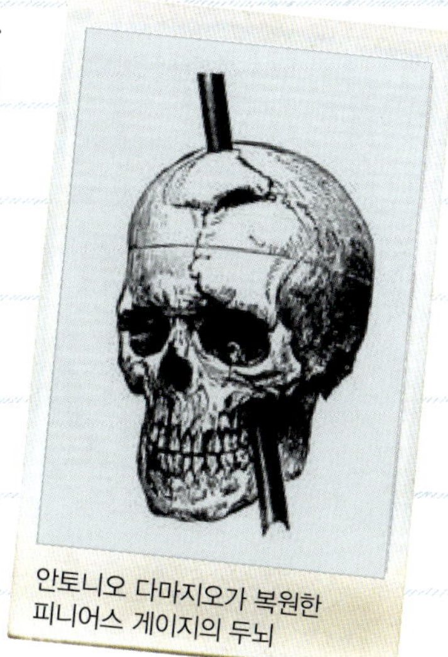

안토니오 다마지오가 복원한 피니어스 게이지의 두뇌

다마지오의 연구는 마음과 뇌의 관계에 중요한 단서를 제공하고 있어. 그는 후에 게이지의 두뇌 연구를 '인간의 행동 원인을 생물학적 측면에서 연구하게 된 역사적인 출발'이었다고 말했지.

과학이 발달함에 따라 '마음'이 형성되는 곳이 '뇌'라는 것이 점차 밝혀지고 있는데 이러한 뇌를 연구하는 학문이 바로 뇌과학이야. 뇌과학을 연구하는 데에는 물리학, 화학, 생물학, 의학, 심리학, 인지과학, 감성공학 등 여러 분야가 총동원돼. 뇌과학이야말로 기존의 세분화된 각 영역들이 협력하고 통합되는, 최첨단 종합과학인 셈이지.

2장 나는 내가 누구인지 말할 수 있을까?

영국의 극작가 셰익스피어의 작품 중 『리어왕』이라는 희곡이 있어.

자신이 누구인지 말해 달라니, 좀 뜻밖이지?

리어왕은 자식들의 배신과 냉대에 충격받아 자기 정체성을 잃고 이런 말을 내뱉은 거야.
엉 엉

리어왕의 이야기가 궁금하다면 나중에 한번 읽어 봐!
리어왕

이 기회에 영국의 대문호 셰익스피어의 걸작들을 만나 보는 것도 좋겠지.
햄릿
리어왕
로미오와 줄리엣
영감이 마구 떠오른다.

하지만 우리가 리어왕을 딱하게 여길 수만은 없는 것이,
훌쩍

똑같은 질문을 너 자신에게 던진다면 너는 바로 대답할 수 있을 것 같니?
나는 누굴까?

이때 이름 석 자를 말하는 건 동문서답 되겠다!
김예찬이잖아.
바보

'심리'라는 주제로 '인간'을 탐구하는 긴 여정에 들어가기 앞서
심리

나 자신에게 돋보기를 들이대 보면 어떨까?

자신이 어떤 사람인지 자기
자신에게 물어보는 거야.

내가 무엇을 좋아하고 무엇을
중요하게 여기고 무엇을 추구하고
다이어리

나에 대해 어떻게 느끼고 있으며
앞으로 무엇을 할 것인가에 대해.

어때?
너는
너에 대해
잘 알고
있니?
어때 난

자의식이나 자아 정체성이
시험에 나오는 것은 아니지만
자아
성찰

한 인간으로서 삶을 잘 영위하기 위해
갖춰야 하는 필수 항목이라고 할 수 있어.
지금 10대라는 복잡하고 혼란스러운 터널을
지나고 있는 청소년들에게

특히 중요한 문제임은 말할 것도
없고 말이야.

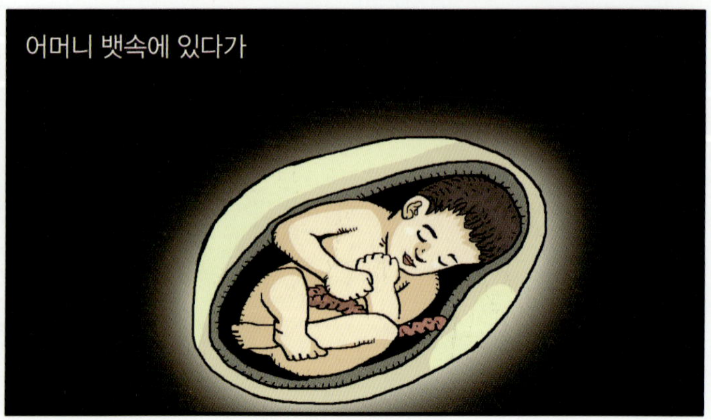
어머니 뱃속에 있다가

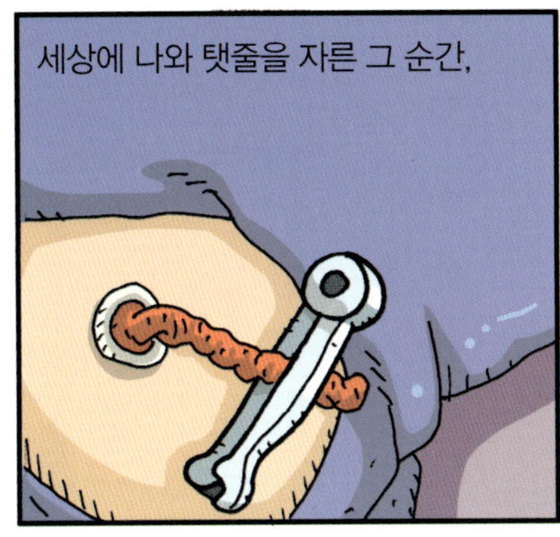

세상에 나와 탯줄을 자른 그 순간,

우리는 세상 어느 누구와도 다른
유일무이한 존재로 자리매김했어.

그리고 그 뒤로 하루하루 조금씩
부모님에게서 독립해 가고 있지.

성숙해진다는 것은 곧
자율적인 존재가
된다는 것을
의미해.
개인

물론 때로는 '혼자'라는 느낌에
외롭고 불안해지기도 하지만 말이야.

우리는 대체 언제부터 자기 자신을 인식하게 되는 걸까?

유아들도 '나'라는 대명사를 사용하는 걸 보면
상당히 이른 시기인 것은 분명한데,
내 거야!

학자들도 그 점을 궁금하게 여겨 실험을 해 보았단다.

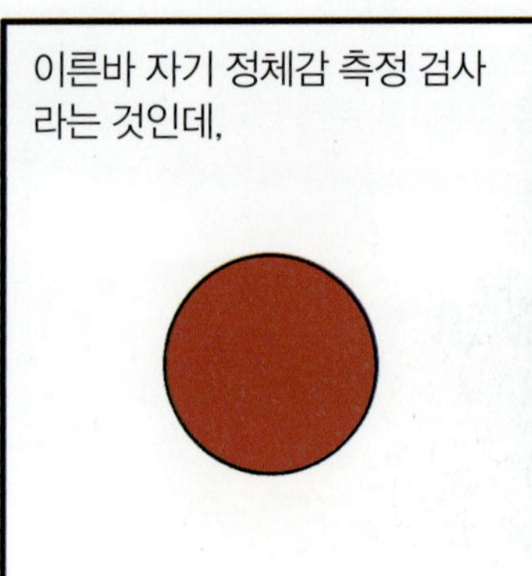
이른바 자기 정체감 측정 검사
라는 것인데,

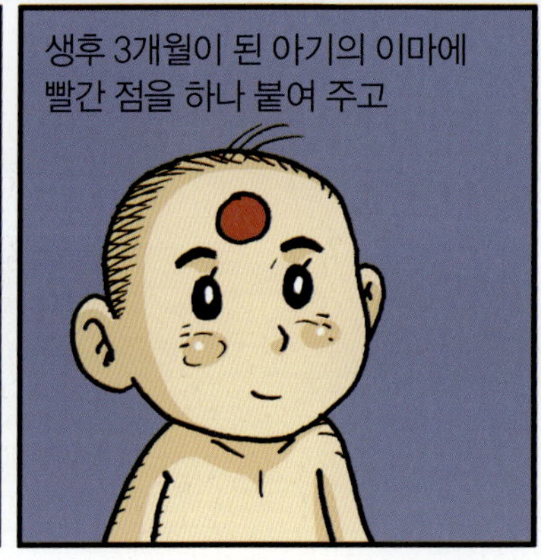
생후 3개월이 된 아기의 이마에
빨간 점을 하나 붙여 주고

거울 앞에 앉혀 놨더니,

아기는 거울을 바라보며 재미있다는 듯
웃기 시작했어.
깔·깔·깔·

원래 아기들은 사람의 얼굴
보는 것을 좋아하거든.

하지만 끝내 자기 이마를
만지지는 않았어.

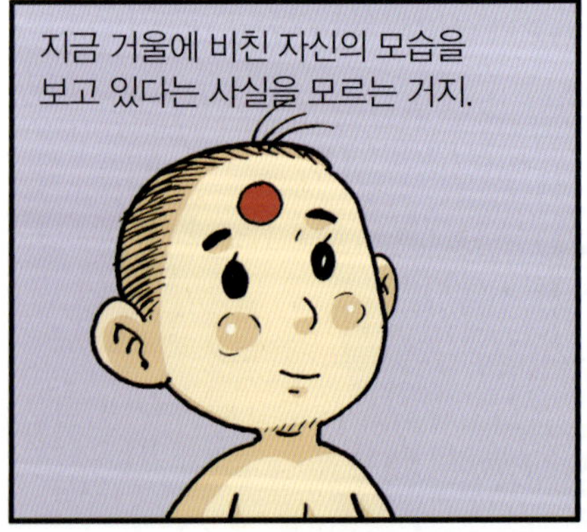
지금 거울에 비친 자신의 모습을
보고 있다는 사실을 모르는 거지.

그러나 18개월 된 아기는 같은 상황에서 이마에 손을 가져가
점을 만졌어. 거울 속의 모습이 '자신'임을 아는 거야.
이게
뭐야?

이 실험으로 인간에게 자아 개념이
싹트는 시기가 생후 18개월 전후라는
것을 알게
되었어.

인간은 생후 12개월 무렵 걸음마를 떼고
'이동의 자유'를 획득함으로써

세상을 마음껏 탐색하며 자율성과 독립심을
키워 가는 모양이야.

동물들에게도 같은 실험을 해 보았는데,

원숭이는 거울 속의 자신을 경쟁자로 생각했는지
공격적인 행동을 취했을 뿐

끝내 자기를 알아보지 못했어.

이는 개나 고양이도 마찬가지였지.

반면 침팬지나 오랑우탄,
흰돌고래는

시간이 좀 걸리긴 했지만 결국 자신임을 알아차렸으니, 일단 이들에게도 자기 정체성이 있다고 봐야겠지?

다시 인간 이야기로 돌아올까?

아이들은 성장하면서 부모를 모방하며 부모와 자신을 동일시하게 돼.
큰일이다. 마감이 내일인데….
나도 만화가.

동일시(identification)
타인을 자기의 대신으로 여기거나 또는 타인의 목적이나 가치를 자신의 것으로 받아들이는 심리 현상을 말한다.

아이가 부모의 가치관, 신념, 태도, 행동을 고스란히 받아들이는 거야. 그래서 자식을 보면 그 부모를 알 수 있다고 하는 것이고.
처억
뚜억
아빠 어때?

그러나 이것도 아동기까지의 얘기이고 청소년기(사춘기)가 되면 양상이 전혀 달라지지.
여드름은 왜 날까?

부모로부터의 분리, 즉 심리적 이유가 일어나기 때문이야.
더 이상 어린애 취급하지 마세요.

이유(離乳) : 젖을 떼는 것.

흔히들 말하는 '질풍노도의 시기'가 이 때인거야.
모두 비켜!
탈 탈 탈..

이 시기에 급격한 생리적·신체적·지적 변화를 경험하면서
우리 딸 맞아?
짠!

자신이 누구이며,

가정과 사회에서의 역할이 무엇인지,

남들의 눈에 자기가 어떻게
비치는지를 알고 싶어 하고

온갖 충동과 호기심이 끓어오르지.

그래서 이 시기에는 '열공'도
중요하지만
과학
전자
실무
고등 수학
국어
영어논술

심리발달상으로는
자아 정체성을 확립하는
일이 가장 중요하단다.

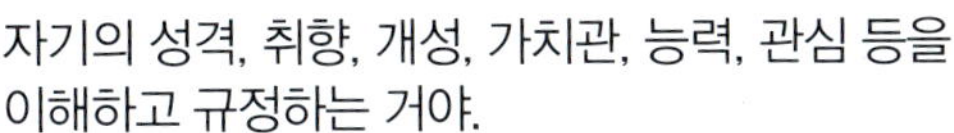

자기의 성격, 취향, 개성, 가치관, 능력, 관심 등을
이해하고 규정하는 거야.

그러자면 여러 역할과 행동 양식들을 실험해 볼 수 있어야
하는데 현실적으로 쉽지 않지.
찌릿!
어딜
봐요?

설사 그런 기회들이 주어진다 하더라도 그 과정도
결코 순탄치 않고 말이야.
으응…
아,
아니다.

캐나다의 심리학자 마르시아는 정체성 탐색의 상태를 네 가지로 분류하였는데,

자신이 그중 어떤 상태에 속하는지 한번 점검해 보렴.

첫째, '혼돈' 상태.
자신의 역할에 대한 확신이 없고,

인생을 설계하려는 의지도 부족하고 자존심도 낮아.

어른이 되어서도 이 상태가 지속되면 평생을 허송세월하기 딱 좋지.
으아함..

둘째, '조기 획득' 상태. 자신의 역할과 목표를 잘 알고 있지만 부모의 의견을 그냥 받아들인 결과야.
직업은 공무원이 최고.

이 수준에서 어른이 되면 부모가 정한 전공과 직업을 선택하고 부모가 선택한 배우자와 일찍 결혼하여 안정된 생활을 꾸리지.
여보, 점심 뭐 먹을래요?
엄마한테 물어볼게.

자신감도 있고 자아 정체감도 확실하지만
알았어, 엄마.

본인이 충분한 고민 끝에 획득한 것이 아니므로, 정체감이 '유실'된 상태라고도 해.
자장면 먹으래.
어휴! 마마보이.

이런 경우 성인이 되어 정체성 위기를 맞고 방황하기도 한단다.

셋째는 '유예' 상태. 스스로 머리 싸매고 고뇌하는 단계라고 보면 돼.

아직 자신의 역할에 대한 확신은 없지만 삶의 목표에 대해 고민 중이지.
진
로

앞의 상태들보다 발전한 단계인데,

부모님 등 주변 사람들과 갈등을 빚곤 해. 그래도 부모님의 영향력이 여전히 큰 단계야.
언제까지 고민만 할래?

넷째는 '성취' 상태. 정체감이 확립된, 가장 성숙된 단계로서,
호수 왔다.

고민과 위기를 경험하고 그것을 잘 극복해 냈을 때 도달하게 된단다. 이제 부모님을 한 개인으로 볼 수 있게 되었기에
왔다.
목표를 향해 전진!

매사를 부모의 뜻과 상관없이 독립적으로 결정해.
자아성취
장하다.

자, 스스로를 생각할 때 자신이 어떤 상태에 가깝다고 여겨지니?

아마도 '성취' 상태라고 말하고 싶겠지만
성취

우리나라 청소년들은 '조기 획득' 상태에 속할 확률이 높아.
조기 획득

어느 조사에서 우리나라 고교 3학년의 자아 정체성이 퍽 안정된 것으로 나타났는데,
자아 정체성
안정적

이는 중학교 (경우에 따라 초등학교) 시절부터 뚜렷한 목표가 있었고

곧 그 목표를 성취할 시기이기 때문에
입시 지옥

학업에만 몰두하느라 정체성에 혼란을 느낄 틈이 없었단 거지.
입시

자아 정체성에 대해 고민할 만한 다양한 경험도 못했을 테고.
경험

자신의 정체성에 대해 고민하지 않고 어른이 되어서 그런지 20대, 30대가 되어서도 삶의 목표와 의미를 몰라 고민하는 사람들이 많아.

사회에 진출해야 하는 시기에 자신의 적성과 흥미에 대해 고민하는 셈이니

그래도 이런 경우는 그나마 다행이지.
시행착오를 거치긴 했지만 결국 '자기'를 발견했으니 말이야.

가장 바람직한 경우는 마르시아의 말처럼 '유예'를 거쳐 '성취'에 이르는 거야.

자신에 대해 고민하고 방황해 봐야 결실을 거둘 수 있어.

에릭슨(Erik Homburger Erikson, 1902년~1994년)

관광이 아니라 자아 탐구를 위한 쓸쓸한 방랑이었다고 해.

에릭슨은 애초에는 화가가 되고 싶었지만

안나 프로이트에게 정신분석학을 배운 후
분
썩

미국으로 건너가 자아심리학자로 명성을 떨쳤지.

나, 프로이트에 대한 설명은 천천히 할게. 일단 정신분석의 창시자로 알아 두면 돼.
찡긋

10대 시절에 어렴풋하게나마 '자신'을 설정하는 것은

곧 세상에 뛰어들 준비를 하는 거란다.
땅!

그러자면 '유예' 상태의 혼란과 갈등을 기꺼이 감수할 수 있어야 해.
혼란
갈등

위기는 곧 기회니까!

그렇다고 해서 걱정할 건 없어. 대부분의 사람들은 성장하면서 자연스럽게 자아가 성숙해지고 자신의 역할과 직무도 잘 수행해 나가거든.
자아
성장

그러나 어떤 이들은 어른이 되어서도 자신의 역할과 책임을 회피하려고 하는데,
업어 줘!
업어 줘!
에휴~

마치 동화 속의 주인공 피터 팬처럼 영원히 어린 시절에 머무르려는 심리를 보인다고 해서 이를 '피터 팬 신드롬'이라고 불러. 일종의 현실 도피야.

또한, 소위 '명품'에 집착하는 등 남들이 선호하는 가치 기준에 맞춰 행동하는 사람들 역시

대부분 자신의 정체성에 불안을 느끼고 있다고 보면 돼.

이는 곧 자신감이 없다는 뜻이기도 하지.

어린 시절 부모가 보여준 태도, 부모가 취한 관점에 따라 아이의 자신감이 좌우되는데,

어려서부터 자신이 가치 있는 사람이라 느끼며 자랐다면

자연스럽게 자신감이 가득한 사람으로 성장하게 되고,

매일 야단만 맞고 자란 아이는 자신감이 부족할 수밖에 없지.

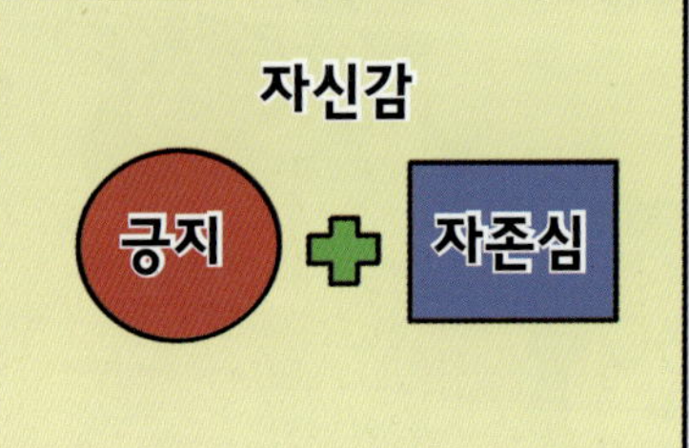

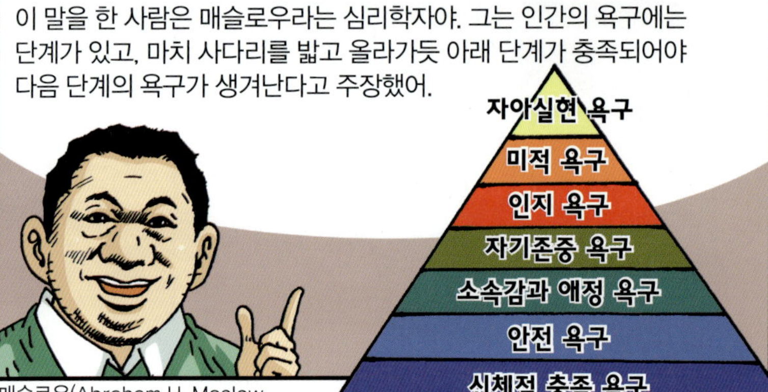

매슬로우(Abraham H. Maslow, 1908년~1970년)

로저스(Carl Ransom Rogers, 1902년~1987년)

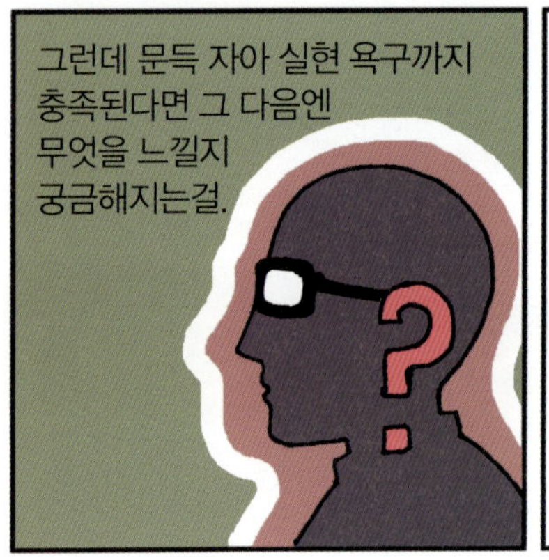

결국 자신의 개성과 소질을 잘 파악하여
'나답게' 살라는 말이야.

갓 태어나 나란히 누워 있는 신생아들도
기질적인 차이가 있거든.

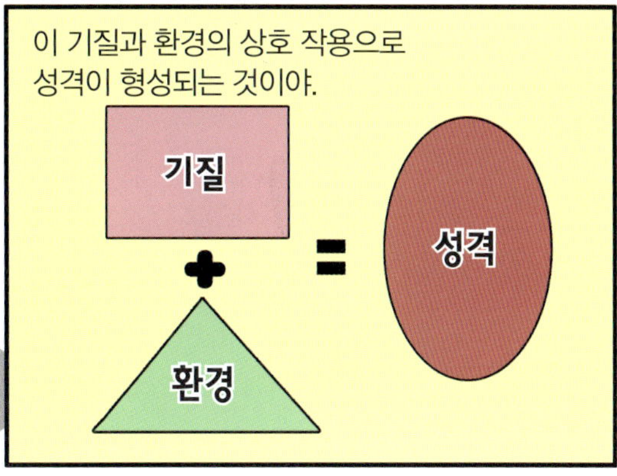
이 기질과 환경의 상호 작용으로
성격이 형성되는 것이야.
기질
+
환경
=
성격

성격을 분류하는 방식 중
혈액형으로 성격을
가늠하는 방법은

의학적인 근거가 없음에도 불구하고
인기를 끌고 있지.
A   B   AB   O

그런데 저마다 다 다른 전 인류를
네 가지 유형으로 뭉뚱그리는 것은
지나친 일반화가 아닐까?
A B AB O

어쨌든 고대 그리스의 철학자 탈레스도
사람에게 가장 어려운 일이 무엇이냐는 질문에
'자기 자신을 아는 것'이라고 대답했다고 해.
사실 누구에게도 만만치 않은 과업이야.

그러나 어차피 피할 수 없는 숙제라면
즐거운 마음으로 해 봐! 사실 궁금하지 않니?
'나'는 대체 누구일까?
'나'는 대체 어떤 사람인 걸까?
누구냐
넌?

눈 앞의 마시멜로가 미래를 결정한다?

미국의 심리학자 월터 미셸(Walter Mischel)은 1970년경 4세 아동들을 대상으로 어떤 실험을 했어. 마시멜로와 벨이 있는 방에 아이들을 한 명씩 들어가도록 하고 아이가 벨을 누르면 들어가서 마시멜로를 한 개 주고, 벨을 누르지 않고 자신이 올 때까지 기다리면 두 개를 주겠다고 했어.

벨을 누르지 않고 눈 앞의 마시멜로를 먹어치우거나 1분도 못 참고 벨을 누르는 아이가 있는가 하면, 눈을 감거나 노래를 부르거나 몸을 비틀면서도 실험자가 올 때까지 기다리는 아이도 있었지.

그런데 정작 놀라운 사실은 그로부터 14년 후에 밝혀졌어. 이 아이들을 청소년기까지 추적 연구한 결과, 바로 벨을 누른 아이들과 참고 기다린 아이들의 차이는 극적이었지.

유혹을 참아낸 아이들은 자신에 대한 확신이 있었고, 절망스러운 상황에서도 잘 대처했어. 또한 어려운 과제도 포기하지 않고 기꺼이 도전했으며 매사에 자주적이었지. 대학입학자격시험(SAT)에서도 기다렸던 아이들의 평균 점수가 210점이나 높았고 대체로 자기관리능력과 학업 성취가 뛰어났다고 해.

마시멜로 실험.

반면 일찍 벨을 누르거나 눈 앞의 마시멜로를 먹어치운 아이들은 자신을 스스로 가치 없다고 여기는 경향이 있고, 쉽게 좌절했으며, 화나는 일이 생겼을 때 지나치게 감정적으로 대응해서 곧잘 다툼에 말려들었대. 교사들의 평가도 대체로 좋지 않았으며 문제아가 되는 비율도 높았다고 해.

일명 '마시멜로 실험'이라 불리는 이 실

험은 학업 성취와 사회성 발달에 아이의 심리적 요소가 얼마나 중요한지 주목하게 만드는 계기가 되었어. 미래의 더 큰 보상을 위해 당장의 충동을 이겨내는 의지, 곧 자제력이 아이의 미래를 좌우할 수 있다는 것이 확인되었기 때문이야. 이는 교육 정책을 세울 때나 실제로 교육활동이 이루어질 때 인간의 심리적 특성이 우선적으로 고려되어야 함을 의미하지.

교육이란 인간의 행동이 바람직한 방향으로 변화하도록 유도하는 과정 및 활동을 말하는데 심리학은 이러한 교육의 목표가 달성되도록 필요한 과학적인 방법을 제공하고 있지.

학습 동기를 유발하고, 교육의 효과를 높이고, 교육이 제대로 이루어지고 있는지를 평가하는 데 심리학적 지식이 광범위하게 활용되기 때문에, 심리학은 교육을 위한 기본 학문으로서 교육을 연구하는 사람들이 꼭 알아야 할 기본 바탕이야.

따라서 교육 과정에서 일어나는 문제들을 심리학적 측면에서 연구하여 교육의 효과를 극대화하려는 교육심리학이라는 분야가 일찍이 탄생하였지.

학생들이 어떻게 성장·발달하고 학습하는가, 언제 어떻게 가르치는 것이 가장 효율적인가 하는 것을 연구하는 것이 바로 교육심리학의 주된 연구 주제라고 할 수 있어.

3장 마음의 병은 왜 생기는 걸까?

방정맞아 보이는 그런 행동들이 뇌신경으로
전달되어 초조한 마음을 진정시키는
마법을 부린다니 믿어지지 않지?

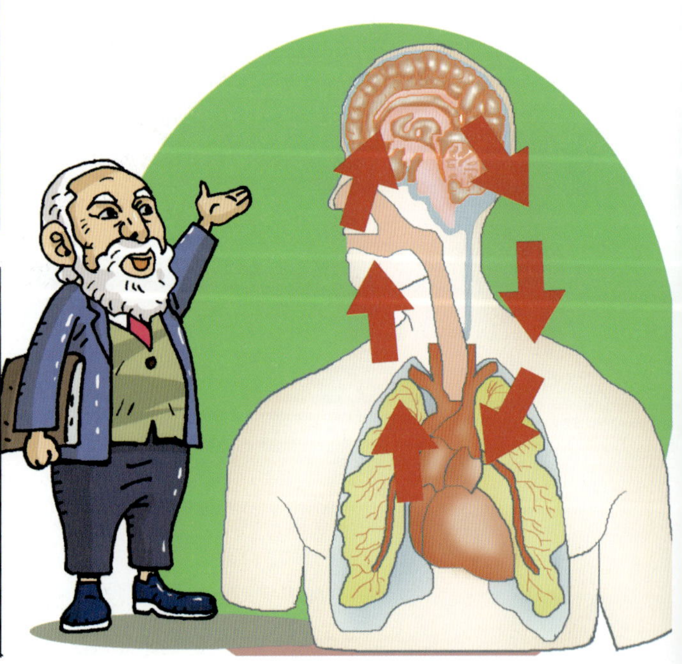

오래전에 개봉한 〈불안은 영혼을 잠식한다〉는
BRIGITTE MIRA·EL HEDI SALEM·BARBARA VALENTIN in:
Angst essen Seele auf
Ein Film von
Rainer Werner Fassbinder
im Filmverlag

독일 영화의 멋진 제목에서 알 수 있듯이,
좀 어려운 영화야.
라이너 베르더 파스빈더 독일 감독이죠.

마음의 안정은 무척 중요해.
책이야말로 마음의 양식이지.

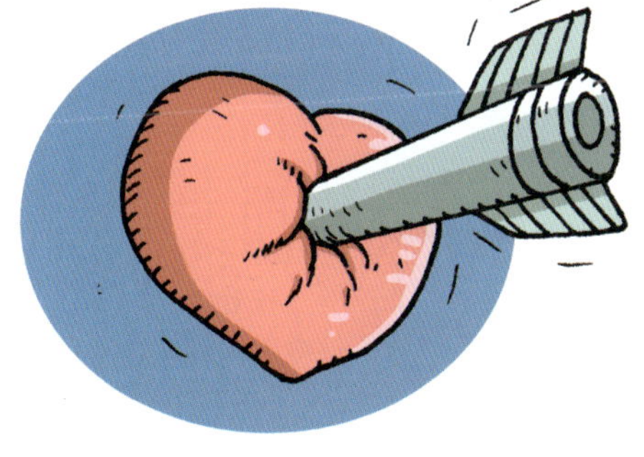
왜냐하면 불안 같은 '마음의 병'이 지나치면

신체의 건강까지 해칠 수 있거든.
불안

그런 의미에서 이번 장에서는 마음의 건강과 관련된 이모저모를 살피면서

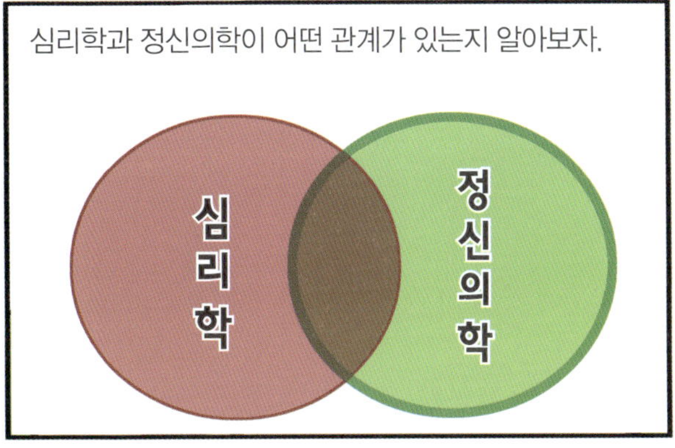
심리학과 정신의학이 어떤 관계가 있는지 알아보자.
심리학
정신의학

조선의 7대 임금 세조는 자신이 직접 쓴 『의약론』에서

의사를 여덟 등급으로 분류하면서,
의약론

3등급 의사는 약으로 병을 고치는 '약의',

2등급은 음식으로 치료하는 '식의',

그리고 최고의 경지인 1등급은 마음으로 치료하는 '심의'라고 말했어.
2
1
3

환자의 마음을 다스려 병을 고치니 진정한 명의라는 거지.
마음의 병이오.

확실히 마음이 편하면 몸도 편하고 만사가 편한 법인데, 여기서 마음을 좌지우지하는 것은 감정이야.
마음을 비우니 다 나았다.
장충 장충

나쁜 감정은 인체의 면역력에 영향을 미쳐 병을 일으킬 수도 있거든.
나쁜감정

흔히 사람을 '감정의 동물'이라고 해.

우리가 순간순간 일어나는 감정에 따라 말이나 행동을 하게 되기 때문이지.
콩!

아무리 이성적인 사람이라도 감정에서 자유로울 수는 없어.

이런 신체의 변화를 응용한 것이 바로 거짓말 탐지기이고.

이 중에서 감정을 총괄하는 곳은 변연계라는 곳이야.

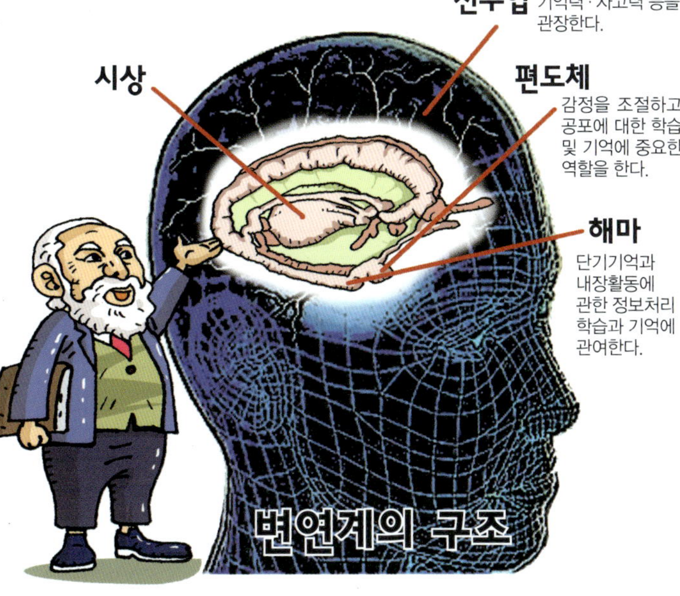

> **변연계**
>
> 대뇌피질 주변에 존재하며 동물적 행동을 관장하는 중추로 식욕, 성욕, 집단욕과 같은 본능 행동이나 공포, 분노, 기쁨, 슬픔과 같은 감정을 일으킨다.

그래서 변연계를
'감정의 뇌'라고도 하지.
감정

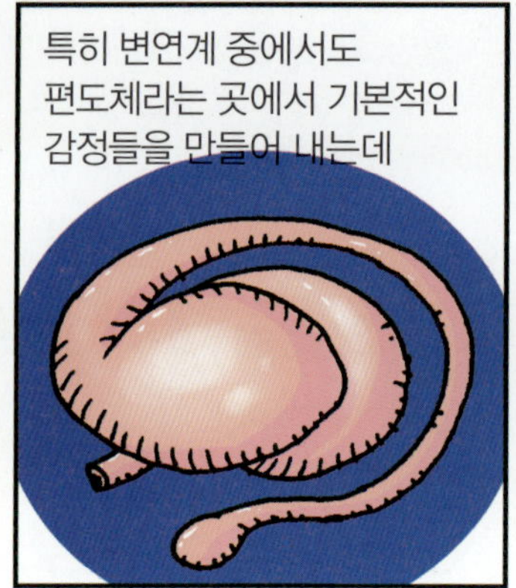

특히 변연계 중에서도
편도체라는 곳에서 기본적인
감정들을 만들어 내는데

사람과 개가 정서적으로 교감하고
소통할 수 있는 것도 이 편도체 덕분이야.

두 생물이 서로에게 반응하며 공감대를 형성해
나가는 이런 현상을 '변연계 공명'
이라고 해.
오우우

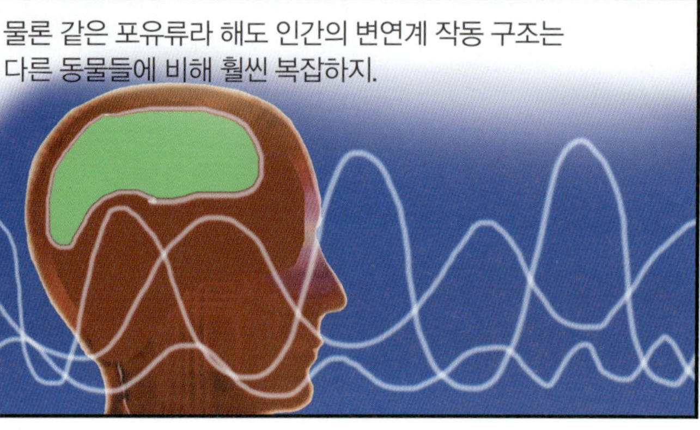

물론 같은 포유류라 해도 인간의 변연계 작동 구조는
다른 동물들에 비해 훨씬 복잡하지.

심리학자들은 어느 문화권에서나
볼 수 있는 보편적인 감정 여섯 종류를
발견했는데,

기쁨, 두려움, 분노, 슬픔, 미움, 그리고 놀라움이야.
유교(유학)와 불교에서 말하는 인간의 일곱 가지 기본 감정인
칠정도 이와 거의 비슷해.

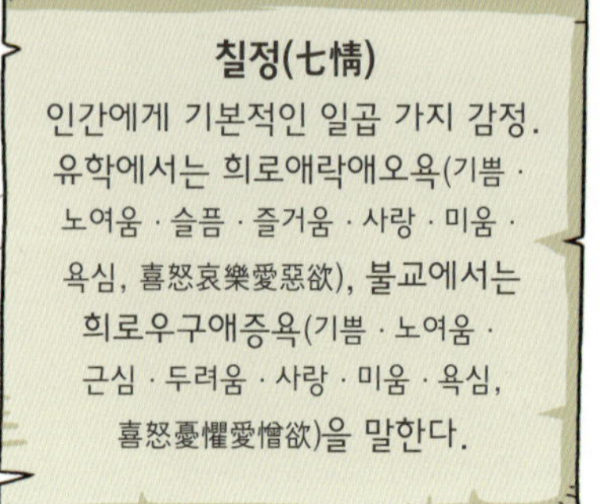

칠정(七情)
인간에게 기본적인 일곱 가지 감정.
유학에서는 희로애락애오욕(기쁨·
노여움·슬픔·즐거움·사랑·미움·
욕심, 喜怒哀樂愛惡欲), 불교에서는
희로우구애증욕(기쁨·노여움·
근심·두려움·사랑·미움·욕심,
喜怒憂懼愛憎欲)을 말한다.

긍정적 감정보다 부정적 감정이 더 많네.
실제로도 기쁜 일보다 스트레스
받는 일이 더 많지?
스트레스

밝고 명랑하게 살고 싶지만
스트레스가 발목을 잡고 있다면
일단 멀리 날려 버리자고!
흥!

스트레스는 적응하기 어려운
환경에서 느끼는
긴장 상태야.
으아!

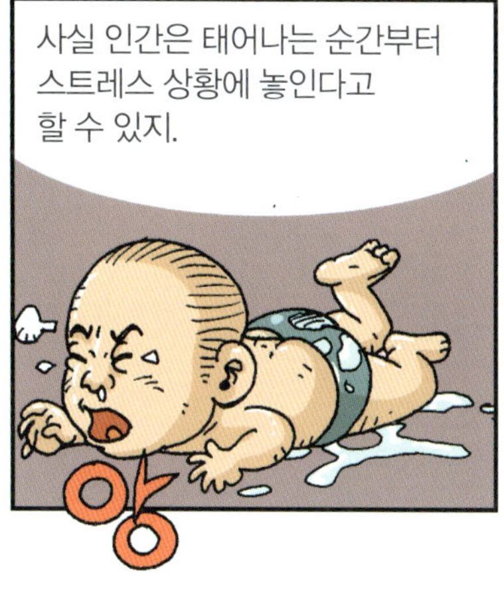

사실 인간은 태어나는 순간부터
스트레스 상황에 놓인다고
할 수 있지.
응

하지만 적당한 스트레스는 긴장감과
성취동기를 자극해서

추진력으로 작용하기도 하니,
성취
병

잘만 다스리면 약이 될 수도
있단다.
흥!

동일한 환경에 놓여도 사람마다
스트레스를 느끼는 정도는
전부 다른데,
스트레스

자신이 감당할 수 없는
수준이 되면 몸과 마음에
적신호가 켜지게 돼.
삐!

그러니 스트레스는
그때그때 풀어 줄
필요가 있어.
어떻게 풀어야
하냐고?

소리 내어 실컷 울거나.
으앙!

또는 목청껏 신 나게 노래를
부르거나,

온몸이 땀에 젖을 정도로 운동을
하는 거지.
끄아아

나, 프로이트가 정신분석에 도입해서 지금은 대표적인 심리학 용어가 되었지. 이때 중요한 건 안전하면서 사회적으로 용납되는 방법으로 감정을 배출해야 한다는 거야.

정화(淨化) : 불순하거나 더러운 것을 깨끗하게 함.

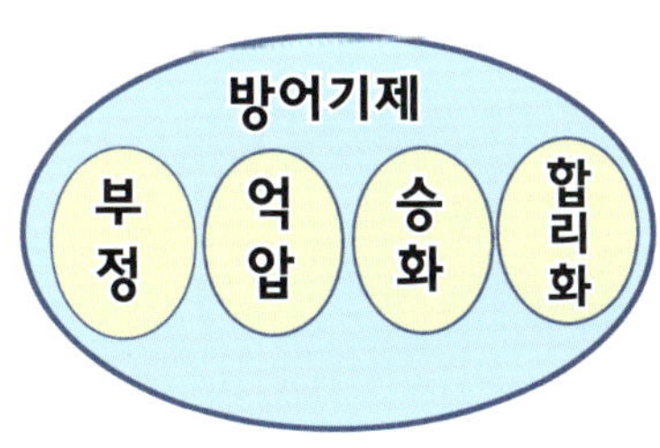

방어기제에는 여러 종류가 있는데 주로 부정, 억압, 합리화, 승화 등의 방법이 일반적이야.

예를 들어, 여우는 너무 높이 달려 있어 따먹을 수 없는 포도를 '신 포도일 것'이라고 생각함으로써 자존심을 지키고 패배감에서 벗어날 수 있어.
낑··
깡충

억지 논리를 동원한 자기 위안인 셈이지.
흥, 분명히 안 익은 포도일 거야.

한편 '승화'는 반사회적 욕구나 충동을 사회적으로 용납될 수 있는 형태로 전환해 나타내는 거야.
승화

마음속에서 들끓는 공격적 충동이나 적개심을 격렬한 스포츠 등으로 분출하는 거지.

표현하기 어려운 욕망은 문학이나 미술 등의 창작 활동이 하나의 배출구가 되기도 하지.

승화야말로 다양한 방어기제들 중 가장 바람직하고 생산적인 방법이라고 할 수 있어.
승화

갈등이나 스트레스 등 심리적 원인을 중시하는 '심인파'와 뇌의 기질적 장애인 신체적 요인에서 찾는 '기질파'가 그거야.

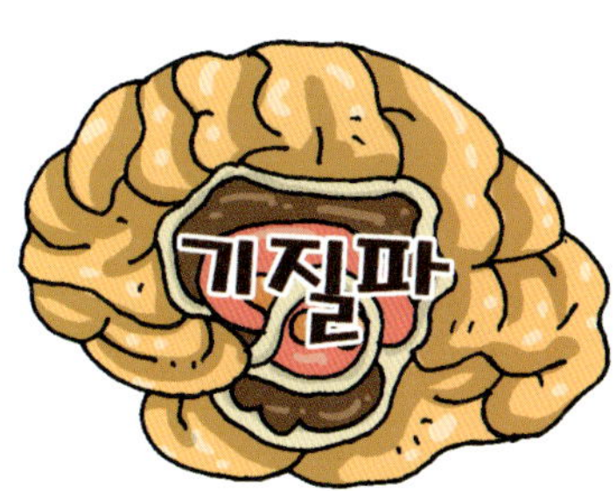

심인파는 내 이론에서 시작되었고 기질파는 크레펠린에서 비롯되었는데, 우리 둘은 공교롭게도 동갑내기(1856년생)란다.

크레펠린
(Emil Kraepelin,
1856년~1926년)
'근대 정신의학의 아버지'라 불리는 독일의 정신의학자로, 정신질환을 분류하여 현재 사용하는 정신의학의 진단과 개념의 기초를 확립했다.

특히 보름달이 뜰 때 감정의 기복이 심해지고 공격성이 높아진다고 생각했어. 보름달이 뜨면 괴물로 변하는 늑대인간의 전설도 그런 생각에서 비롯된 것이야.

1941년 개봉한 영화 〈늑대인간(The wolf man)〉의 포스터

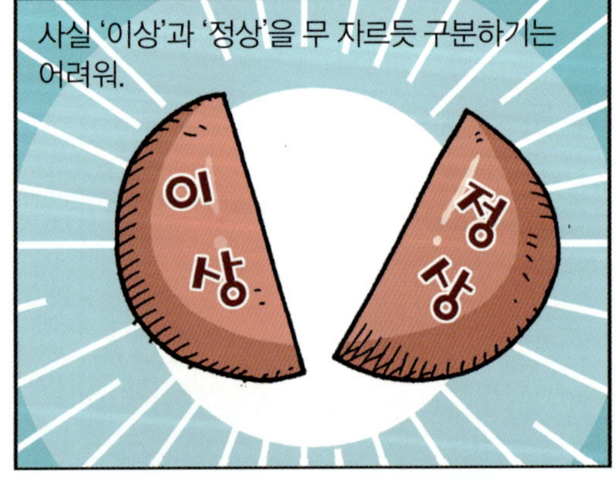

'사실 '이상'과 '정상'을 무 자르듯 구분하기는 어려워.

특히 반사회적 인격장애를 앓고 있는 사이코패스는
범행을 통해서만 병적 성격이 겉으로 드러나기에
평소 주변 사람들이 알아차리지 못하는 게 특징이야.
만약 이런 사람들이 힘과 권력을 쥐고 있다면 큰일이겠지?

고대 로마의 3대 황제 칼리굴라는
자신이 신(神)이라는 과대망상에 사로잡혀
포악한 독재 정치로 온 나라를 공포로 몰아넣더니

결국 암살되고 말았지.

샤를 6세(Charles Ⅵ, 1368년~1422년)

조증(躁症) : 기분이 들떠서 쉽게 흥분하는 상태가 일주일 이상 계속되는 증세.

사실 꼭 조증이 아니더라도 약간의 '이상' 상태가
창조적 영감과 관련 있다고 보는 시각이 있어.
그런 각도에서 보면 유난히 예술가들 중에 기인이나
정신병 환자가 많은 것도 우연이 아닐 거야.

귀에 붕대를 감은 고흐의 자화상을 본 적이 있니?

빈센트 반 고흐
(Vincent van Gogh, 1853년~1890년)
네덜란드 화가. 인상파의 영향을 받아
강렬한 색채와 격정적인 필치로 독특한
화풍을 확립하여 20세기 야수파에
큰 영향을 주었다.
〈해바라기〉 등의 작품이 유명하다.

최근에는 고흐와
말다툼을 벌이던 고갱이
펜싱 검으로
벤 것이라는
주장도 있어.

고갱
(Paul Gauguin,
1848년~1903년).

한편 천재성으로 따지면 누구에게도 뒤지지 않을 독일의 위대한 시인이자 철학자인 니체도

니체(Friedrich Wilhelm Nietzsche, 1844년~1900년)

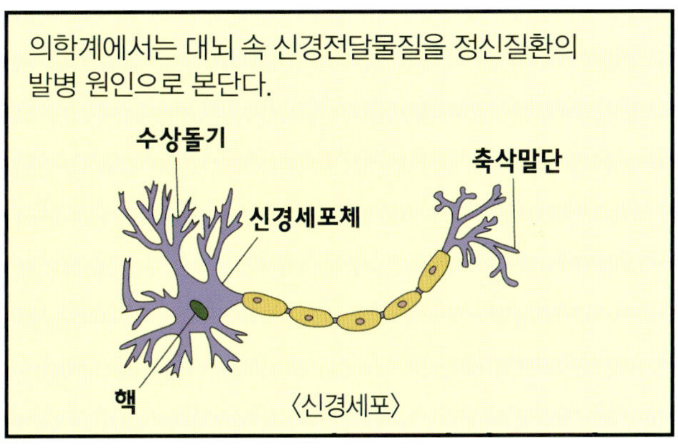

© Quasar Jarosz at en. wikipedia

이는 초콜릿에 세로토닌의 원료가 되는 물질이 들어 있어서

먹으면 행복감을 느끼고 스트레스를 덜 느끼기 때문이라는군.
쩡∼끗.

세로토닌의 원료 물질이 들어 있는 초콜릿

한편 사람들이 게임이나 도박, 마약에 자꾸 빠져드는 것은

도파민이라는 쾌감 물질 때문이야.
도파민

게임이나 도박 등을 할 때 도파민이 분비되면서 기분이 좋아지거든.
콸…
콸…

하지만 중독성이 높기 때문에 조심해야 해.

엔도르핀이라는 말도 많이 들어 봤을 거야.

엔도르핀은 우리 몸이 심한 고통을 받을 때 분비되어 고통을 완화하는 역할을 하는데,
엔도르핀
통증

마라토너가 달리기를 하다 어느 순간 몸이 가벼워지면서 기분이 좋아지는 '러너스 하이' 현상도 이 엔도르핀 때문이란다.
딸.
딸.

엔도르핀에도 중독성이 있어서 몸이 피곤하더라도 이 쾌감을 느끼고 싶어 계속 달리게 되지.

러너스 하이(runner's high)
중간 강도의 운동을 30분 이상 계속했을 때 느끼는 행복감으로 달리기 이외에도 장시간 지속되는 운동이면 다 느낄 수 있는 현상이다. 짧게는 4분, 길게는 30분 이상 이 현상이 지속되기도 하지만, 지나치게 긴장한 상태거나 스트레스를 받을 때는 이 현상을 느낄 수 없다.

정신질환을 치유하기 위해서 현재는 약물요법과 심리요법이 같이 쓰이는데 약물 치료가 더 주가 되고 있어.

이중 가벼운 심리치료를 위해서 쓰이는 심리요법(정신요법)은 약물이 아닌 심리적 힘으로 정신병을 치료하는 기법을 이르는 말이야. 정신분석, 최면요법, 놀이치료, 미술치료 등 다양한 방법이 있지.

일반인을 대상으로 대인관계나 진로문제, 이성문제 등 비교적 가벼운 문제를 다루는 것을 카운슬링(상담)이라고 해.

이런 심리와 관련된 직종들은 앞으로 수요가 더 늘어나고 활동 범위도 넓어질 거야.

혹시 이 분야가 흥미롭게 느껴진다면,
심리

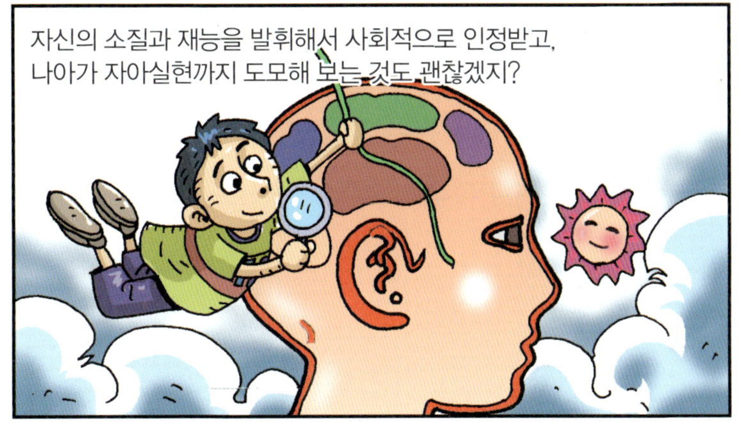

자신의 소질과 재능을 발휘해서 사회적으로 인정받고, 나아가 자아실현까지 도모해 보는 것도 괜찮겠지?

상처를 치유하는
신비로운 예술의 힘

심리치료에는 음악치료와 미술치료를 비롯하여 무용치료, 연극치료, 문학치료, 원예치료 등 다양한 예술치료법이 쓰이고 있어.

음악치료는 음악을 통해 환자의 자연치유력을 회복시키는 데 중점을 두는 것으로, 음악의 강약과 고저, 장단이 혈압, 심장 박동, 호흡, 맥박, 뇌파 등 인체의 리듬을 변화시킨다는 이론에 바탕을 두고 있지.

현대적 의미의 음악치료는 20세기 들어 세계대전 이후 본격적으로 시작되었어. 전쟁으로 부상과 충격을 입은 군인들이 음악으로 '외상 후 스트레스 증후군'을 치유한 것이 계기가 되어 1944년 미국 미시간 주립대에 음악치료학과가 개설되었고, 이후 전 세계로 확산된 거야.

음악치료는 환자의 상태에 따라 개인별 또는 집단으로 진행돼. 환자는 악기를 연주하거나 노래를 부르기도 하고, 음악을 들으며 떠오르는 감정에 대해 그림을 그리거나 글을 쓰는 과정으로 안정을 되찾고 고통과 불안이 줄어드는 효과를 경험하지. 뇌성마비, 정신지체, 자폐증, 학습장애, 우울증, 인격장애, 치매 등 정신이나 정서장애를 지닌 경우에 효과적이지만 정신분열증을 앓는 환자의 경우 환각 증상이 심해질 수 있어서 유의해야 해.

미술치료는 미술활동을 통해 말로 표현하기 힘든 느낌이나 생각, 이미지들을 표현하는 과정을 통해 스트레스를 줄이고 나쁜 감정을 발산하도록 돕는 치료법이야. 특히 아동에게 효과적이어서 놀이치료, 음악치료와 더불어 주요 아동 심리치료법의 하나로 꼽혀. 아이들은 그리거나 만들기 등 미술활동에 익숙하고, 자신의

음악의 강약·고저·장단이 신체의 리듬을 변화시킨다.

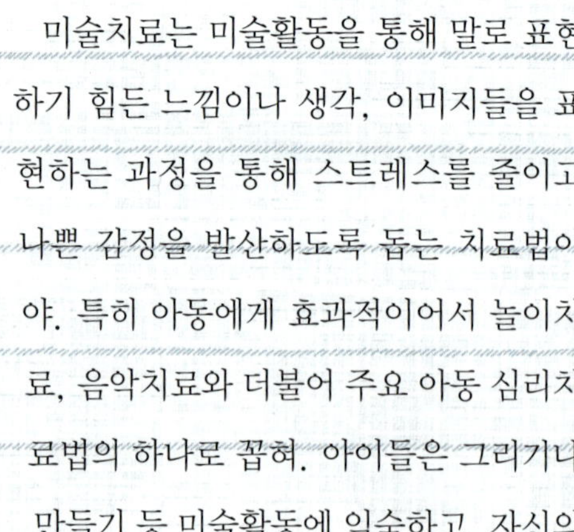

감정이나 경험을 말로 표현하는 것
보다 미술활동으로 표현하는 것을
더 쉽게 느끼지. 특히 학대나 폭력
등을 경험한 아이는 그 일을 말하
는 것 자체가 공포나 불안을 일으킬
수 있는데 미술치료 상황에서는 얼
굴 표현하기, 동물 만들기 등을 통
해 경험과 감정을 더 자세히 드러
낼 수 있지. 물론 아이들뿐만 아니

그림에서 무엇을 표현하고자 했고 그림을 그리며
어떤 감정을 느꼈는지 상담자와 이야기한다.

라 언어로 표현하는 것을 어려워하거나 꺼려하는 성인들에게도 유용하게 쓰인
단다.

미술치료가 진행되면 환자는 자신의 내면을 들여다보고 자신의 문제가 무엇
인지 명확하게 인식하게 되며 자신의 느낌이나 감정을 표현할 수 있게 돼. 또한
작품을 만든 후에는, 무엇을 표현하고자 했고 그림의 대상에 대해 어떤 감정을
느꼈는지 등을 상담자와 이야기하는 과정으로 더 깊게 자기를 인식하는 기회를
갖게 되지.

이런 미술치료의 장점 때문에 2008년 의정부 교도소에서는 성범죄 재소자들
을 대상으로 미술치료를 이용한 재발 방지 교육이 실시되기도 했어. 성범죄 재
소자들은 교도소 안에서도 폐쇄적으로 행동하는 편인데, 그리기와 만들기 등 미
술활동을 하면서 남에게 말하기 어려웠던 속내를 표현하고 응어리진 감정을 해
소하여 심리적 안정감을 향상시킬 수 있었다고 해.

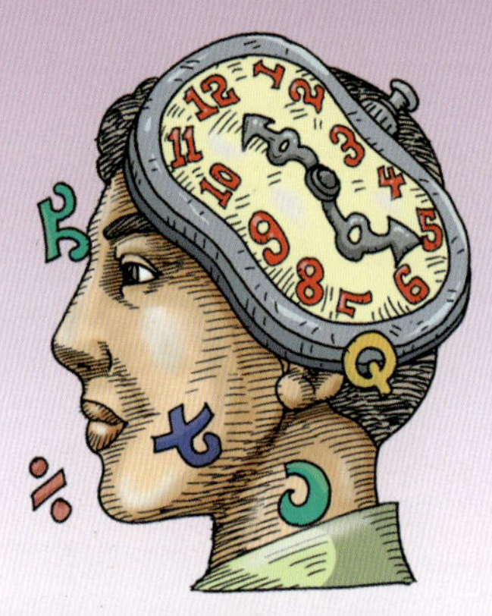

4장 우리의 머릿속에 지우개가 있다!

일본 만화 중에 〈꽃보다 남자〉라는 작품이 있어.
드라마, 영화, 애니메이션, 게임 등으로 만들어져
아시아에서 큰 인기를 끌었던 이 이야기에서,

남자 주인공이 부분적 기억상실증에 걸려
다른 사람은 다 기억하면서도

유독 여자 친구만 알아보지 못해서
보는 이들을 안타깝게 했지.

앞서 방어기제를 설명하면서 '억압'이
기억상실증의 형태로 나타날 수도
있다고 했는데,

실제 기억상실증에 걸리는 사람은 그 수가 적은 편이지만,
갈등이 극대화되는 드라마나 영화에는 자주 등장하지.

아우구스티누스(Aurelius Augustinus, 354년~430년)

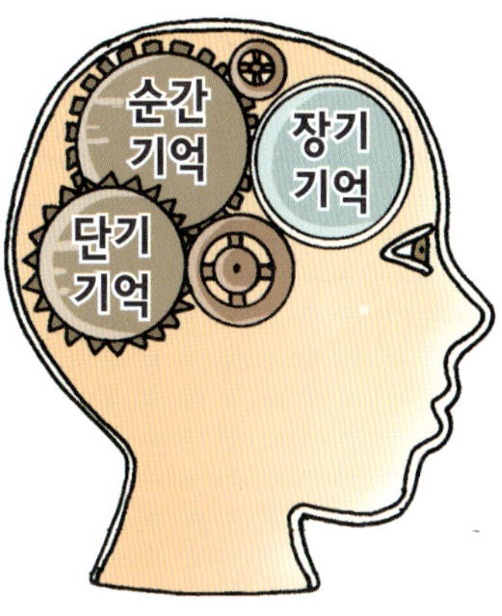

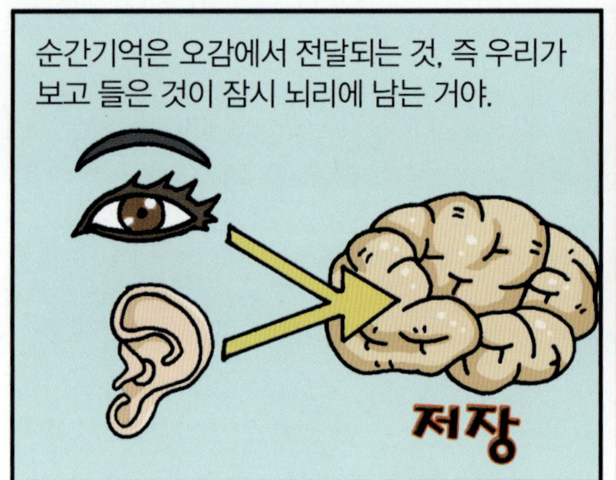

기억을 저장하고 떠올리는 데 중요한 역할을 하는 해마라는 기관이야. 해마에서는 단기기억을 보관했다가 중요한 것만 대뇌피질로 보내 장기기억으로 바꾸는 일을 하거든.

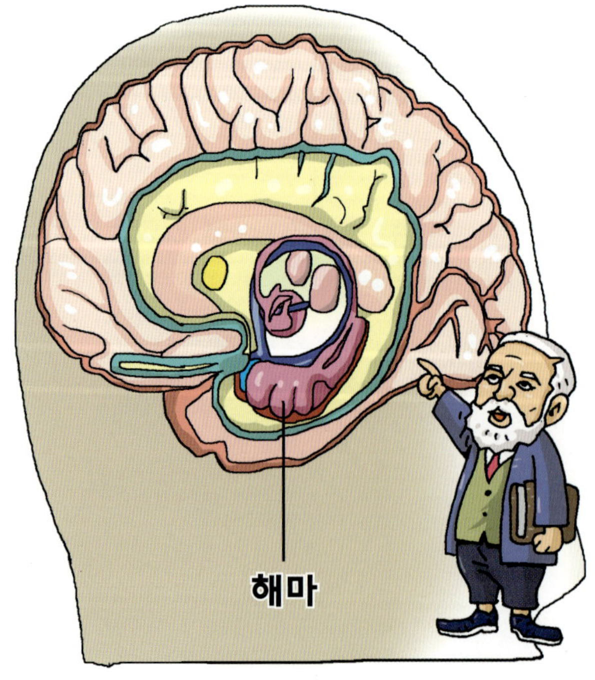

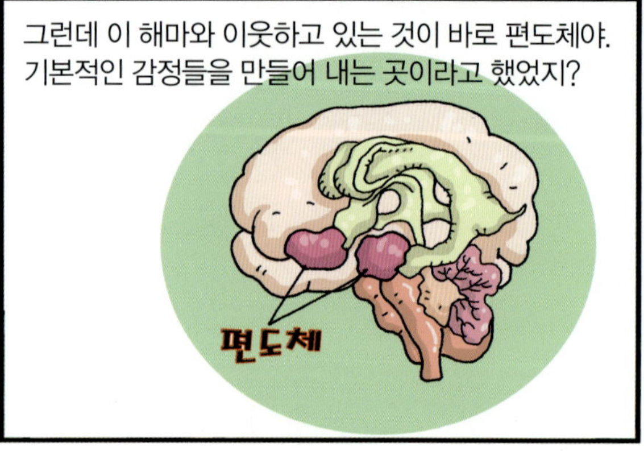

이처럼 기억과 감정을 다루는 두 기관이 나란히 붙어 있어서인지, 두 기능은 아주 긴밀하게 관련되어 있어.
해마
편도체

감정과 관련된 일일 때 오래 기억할 가능성이 더 높아.
감정

지나간 일들을 회상할 때 기뻤던 일이나 슬펐던 일들을 먼저 떠올리는 것이나,
보고 싶다, 친구야~

좋아하는 과목을 공부할 때 머리에 더 쏙쏙 들어오는 것이 다 그 때문인 거야.
아싸! 쉽다.

하지만 아무리 좋아하는 과목이라도 주관식 문제는 객관식보다 까다롭게 느껴지지?
허걱… 주관식이다.

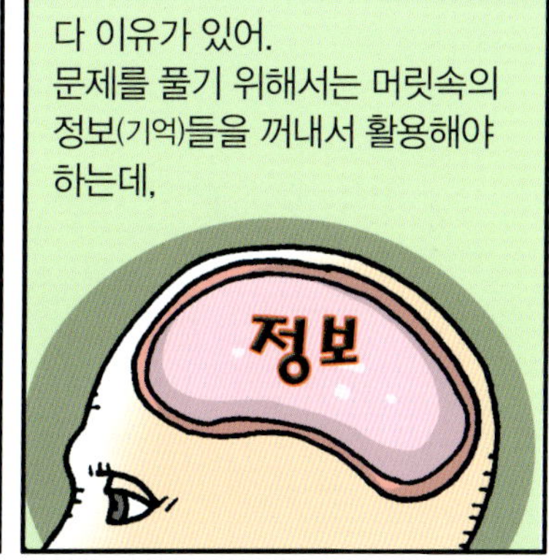

다 이유가 있어.
문제를 풀기 위해서는 머릿속의 정보(기억)들을 꺼내서 활용해야 하는데,
정보

문제의 종류에 따라 그 방식이 달라지거든.
객관식
주관식

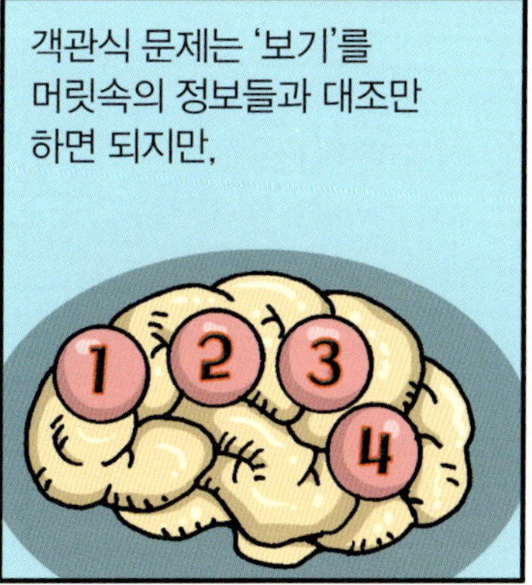

객관식 문제는 '보기'를 머릿속의 정보들과 대조만 하면 되지만,
1 2 3 4

주관식 문제는 저장된 정보들을 온전히 다 끄집어내야 하니,

처리 과정이 더 복잡하고 에너지도 더 많이 드는 거야.
버벅벅…
주관식

자꾸 깜빡하는 건망증도
우리 아기가 어디 갔지?
앙

결국 필요한 기억을 찾아 내지 못하는 현상이지.
기억
머듬머듬…

신기한 건, '깜빡' 했다가도 어떤 단서를 접하면 불현듯 기억이 되살아난다는 사실!
으앗! 가스불~

우리 머릿속의 '입력-저장-출력' 과정이 자판기에 동전 넣으면 음료수 나오듯,
자판기
덜컹!

단순하게 이루어지는 게 아니라는 것을 알 수 있겠지?

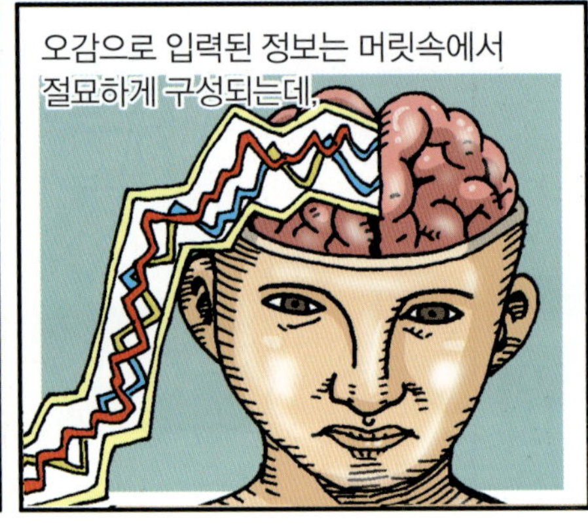

오감으로 입력된 정보는 머릿속에서 절묘하게 구성되는데,

만약 기억 어딘가에 공백이 있다면
기억

상황에 맞게 다른 기억들이 끼워 넣어져 재구성되기도 하지.

입력될 때 불완전하고 불충분한 상태의 정보가 우리에게 이미 있는 지식이나 개념인
건전지

'스키마(schema)'로 보충되어 저장되는 거야.
스키마 충전

스키마는 과거에 얻은 경험과 학습을 통해 형성된 지식 체계로, 일종의 '세상을 보는 틀'이야. 우리는 이 틀을 통해 사물을 해석하고 판단하지.

예를 들어, 어둠 속에서 '야옹' 소리와 함께 노랗게 빛나는 두 눈을 보았다면
냐
옹

'고양이'라고 단정 짓는 식인 거야.
고양이구나.
씨~익

우리는 이미 고양이에 대한 지식, 고양이를 인식하는 틀을 갖고 있거든.
고양이 백과

때로는 기대나 희망, 스트레스가 기억에 영향을 미치기도 해.
턱!

가령 날치기를 당한 피해자는 스트레스로 인해 가해자의 얼굴을 기억하지 못할 수도 있어.
기억이 안 나.

물론 순식간에 일어난 사건이라 기억이 흐릿하기도 하겠지.
기대
스트레스
희망

이럴 때는 사건 현장에 가서 다시 기억을 되살려 보는 것이 효과적이야.
뭔가 떠오르세요?

특정한 상황에서 저장된 기억은 동일한 상황에서 더 쉽게 생각나거든.
이렇게 생긴 사람!

학생들이 수업을 받은 장소에서 시험을 치를 때 점수가 더 높게 나온다는 연구 결과도 있지.
점수

이렇듯 기억은 '기록'이 아니라서 언제나 왜곡되고 변형될 가능성이 있단다.
기억

범인을 직접 목격한 피해자가 범인이라고 지목한 사람이
범인.

나중에 알리바이가 증명되어 무죄로 풀려나는 일도 있으니까.
잘못 봤나?
똑바로 보고 다녀!

그래서 목격자의 증언이 엉뚱한 사람을 범인으로 만드는 경우가 종종 있어.
억울해

특히 법정에서는
판결

검사나 변호사 등 질문을 던지는 사람이 대답을 어떻게 유도하느냐에 따라
예, 아니오로 대답하시오!

기억이 달라질 수도 있어.
예.

그래서 미국에서는

목격자의 진술이 믿을 만한지 판단할 때 심리학자의 의견을 듣는다고 해.
정상.

이처럼 인간의 기억에는 불완전하고 불확실한 구석이 있단다.
기억

그러니 시험 볼 때 암기과목 점수가 모두 다른 거겠지?
쫠쫠··
100
100
100

암기과목에서 좋은 점수를 받는 비법은 심리학자가 밝혀냈단다.

공부한 내용을 오래 기억하고 싶다면 여러 번 반복하는 게 최선이라는 말 들었지?

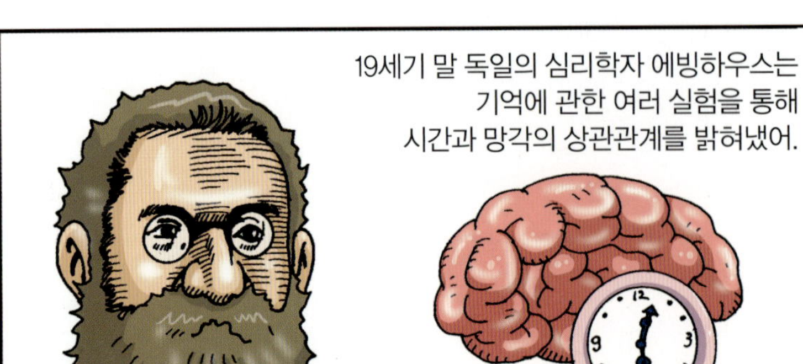

19세기 말 독일의 심리학자 에빙하우스는 기억에 관한 여러 실험을 통해 시간과 망각의 상관관계를 밝혀냈어.
우리가 일반적으로 새로운 것을 배우면 10분 후부터 기억에서 사라지기 시작하여

한 시간 뒤엔 50%, 하루 뒤엔 70%가 지워지고,
한 달 뒤에는 머릿속에 고작 20%만 남게 돼.

이 이론을 그래프로 나타낸 것이 바로 '망각곡선'이야.
이걸 보면 시험 직전에 벼락치기로 기억한 것은
오래 못 간다는 사실을 알 수 있어.

또한 앞에서도 나왔지만 감정과 연관 지어 외운다면 기억이 오래 남는 데 훨씬 도움이 돼.
감정
학습

기계적으로 달달 외우기보다 전체적인 맥락을 파악하고 의미를 이해한 후에 외우는 것도 효과적이지.
연관된 정보와 함께 묶어서 기억하는 연상법도 효율적이고.
전체 의미
정보
맥락
연상

한편 최근 연구에서는 잠을 잘 자는 것이 학습과 기억에 매우 중요하다는 게 밝혀졌어.

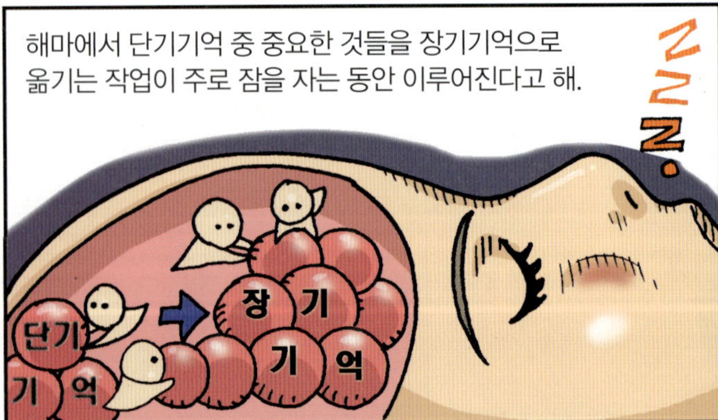

해마에서 단기기억 중 중요한 것들을 장기기억으로 옮기는 작업이 주로 잠을 자는 동안 이루어진다고 해.
단기 기억
장 기 기 억

그러니 청소년들은 하루에 9시간은 자야겠지.
일어나 학교 가야지!

수면 부족의 부작용은 아주 심각하단다.

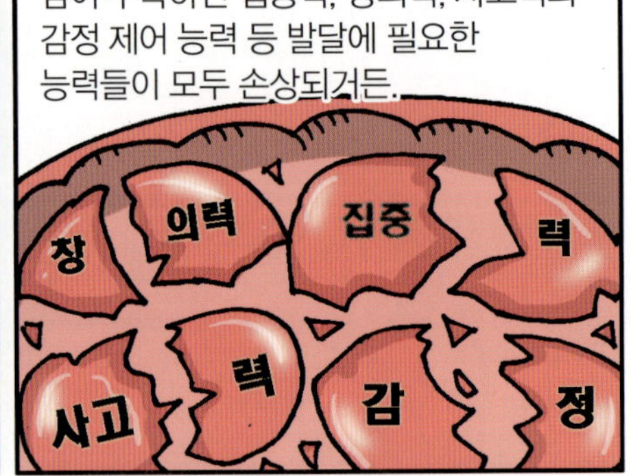

잠이 부족하면 집중력, 창의력, 사고력과 감정 제어 능력 등 발달에 필요한 능력들이 모두 손상되거든.
창 의력
집중 력
사고 력
감 정

오르는 건 스트레스 지수와 체중뿐이야.
스트레스
체중

이처럼 학습과 기억은 떼려야 뗄 수 없는 관계에 있어. 동물을 훈련해 곡예를 시키거나 구조대원으로 활용할 수 있는 것도 기억의 작용과 그로 인한 학습의 효과 덕분이지.

어느 분야건 학습의 효과를 높이는 기술과 전략은 중요하단다.

예를 들어 세로토닌이라는 신경전달물질이 주의력과 기억력을 높여 준다고 주목받는 것도 그 때문이야.

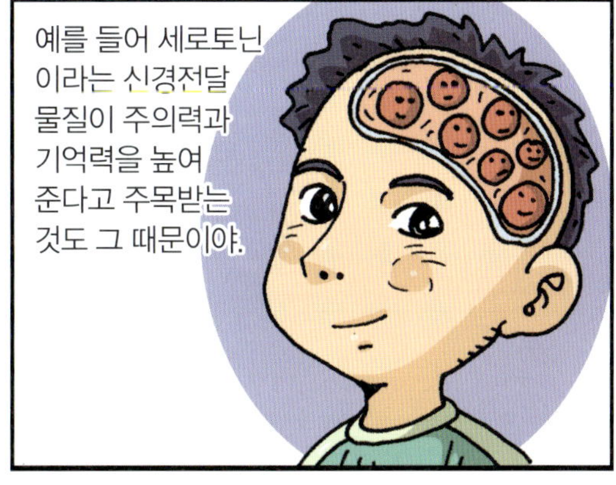

그 어떤 선물을 받기 위해서
공부를 하는 것은 아닌지?

그렇다면 대가나 보상 같은
외적 동기에 의한 행동인 셈이니,
엄마~

대가가 사라지면 곧 행동의 결과도
나빠지게 돼.

바람직한 동기는 흥미나 호기심, 경쟁심
또는 인정받고 싶은 욕구 등
감동적
이다~

내적 동기에 의해 자기가 스스로
노력하는 거야.
목표
정치인
할수있다

물론 선물 때문에 공부를
시작했더라도

그것이 새롭게 내적 동기를
이끌어 낼 수도 있어.
동기

공부든 무엇이든, 본인이 진정
하고자 할 때 결과도 좋은 법!

그런데 공부에 대한 내적 동기가
충분한데도 결과가 좋지 않다고?
목표
정치인
30점

혹시 IQ(지능지수)가 낮은 건
아닌지 걱정된다고?
끄덕
끄덕

좋은 질문이야! 지능의 영향은
과연 어느 정도나 되는 걸까?

알프레드 비네(Alfred Binet, 1857년~1911년)

지능검사법을 창안한 사람은 프랑스의 심리학자 비네야. '정신연령'이란 개념을 제안한 사람이지.

정신연령 : 지능의 발달 정도가 몇 살인 사람의 평균지능에 상당하는가를 표시하는 것.

IQ는 '생활연령(나이)'에 대한 '정신연령'의 비율을 의미하므로,

$$IQ는 = \frac{정신연령}{생활연령} \times 100$$

IQ가 100이라면 그 나이에 기대되는 수준과 딱 일치한다는 뜻이야.

하지만 이 방식은 어린이에게만 적용할 수 있고 어른에게는 잘 맞지 않아.

예를 들어, 30세 성인이 60세의 정신연령을 보인다면 IQ가 200이 되어 버리지.

사실 지능이 무엇인지, 지능을 구성하는 요소는 무엇인지, 지능을 어떻게 측정해야 하는지에 대해서는 학자마다 의견이 전부 달라.

EQ(Emotional Quotient)

최근에는 하버드 대학 가드너 교수의 다중지능 이론이 주목받고 있어.
이 이론에 따르면 인간의 지능에는 IQ와 같은 한 가지 지능만 있는 것이 아니라
여러 종류의 지능이 있는데 이러한 능력이 모두 중요하다는 거지.
가드너 교수가 제시한 여덟 가지 능력은
언어, 논리−수학, 공간, 신체−운동, 음악, 대인관계, 자기이해, 자연탐구 영역이야.

아홉 번째로 종교적 능력과 관련된 영역도 존재하는 것으로 추정하지만

이 영역은 아직 가설 단계이므로 반쪽으로 봐서 다중지능 이론을 '8과 2분의 1' 지능론이라고도 불러.

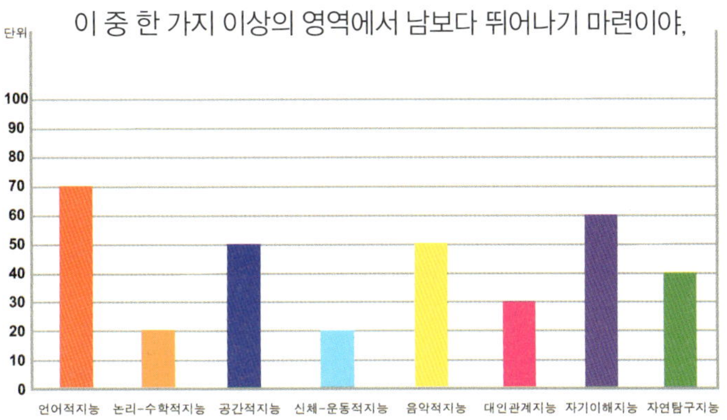

따라서 그 누구도 기죽고 위축될 이유가 전혀 없지.

이것이야말로 이 이론의 미덕이라고 할 수 있어.
다중지능
누구든 뛰어난 점이 한 가지 이상은 있지.

그러니 혹시라도 IQ가 낮게 나왔다고 해서
IQ검사 80

좌절할 필요가 전혀 없다는 소리야.
너의 재능을 찾아.

게다가 IQ와 별로 상관없는 중요한 능력이 또 하나 있으니,

바로 창의성이란다.

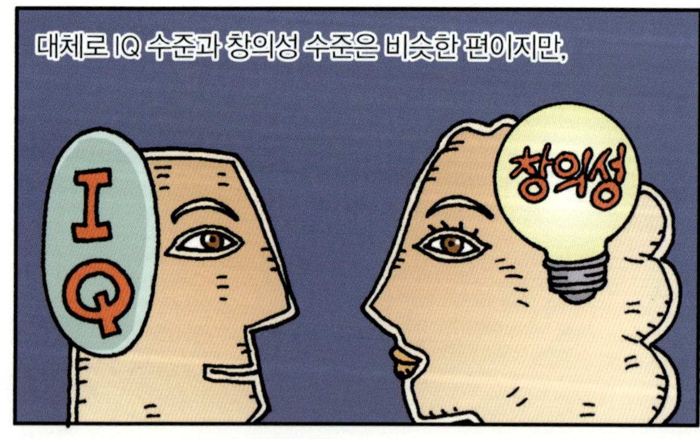

대체로 IQ 수준과 창의성 수준은 비슷한 편이지만,
IQ
창의성

그렇다고 IQ가 높을수록 창의성이 높아지는 것은 아니야. IQ가 120 이상인 사람들의 경우에는 IQ와 창의성은 거의 상관이 없거든.
우린 천재!

요즘 창의적 인재를
길러야 한다는 이야기를
많이 들었지?

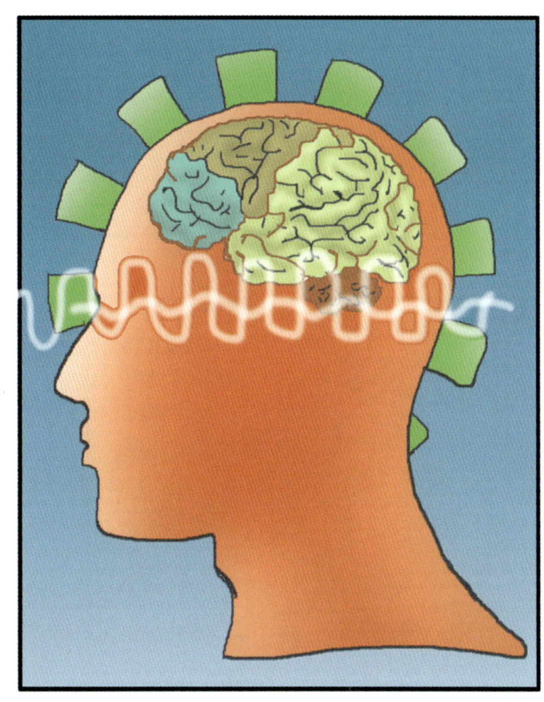

인간의 네 가지 뇌파인 알파(α), 세타(θ), 델타(δ),
베타(β) 중 세타(θ)파 상태에서 창의성과
문제해결 능력이 높아진다고 알려져 있는데,

사실 뇌파로만 본다면 어린이들은 이미 충분히
창의적이란다.
GOOD

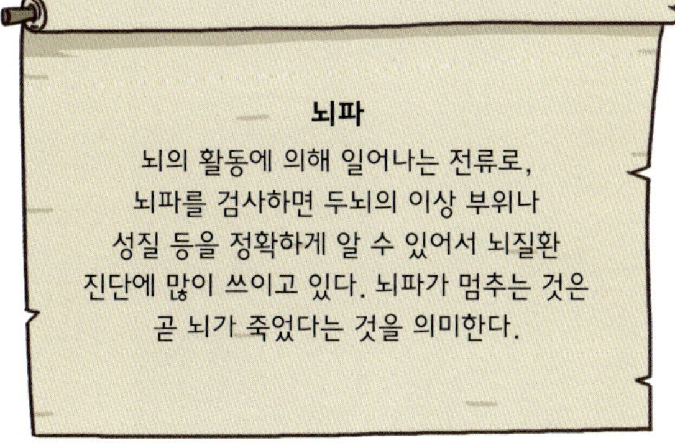

뇌파
뇌의 활동에 의해 일어나는 전류로,
뇌파를 검사하면 두뇌의 이상 부위나
성질 등을 정확하게 알 수 있어서 뇌질환
진단에 많이 쓰이고 있다. 뇌파가 멈추는 것은
곧 뇌가 죽었다는 것을 의미한다.

어린이들의 뇌파를 분석해 보면 온종일
이 세타파가 풍부하게 나타나거든.

그래서 아이들이 기발하고 거침없는
발상으로 어른들을 놀라게 하나 봐.

그러나 정말 안타깝게도
청소년기를 겪으면서 세타파의
비중은 점점 줄어들어서
수능
50일

어른이 되면 거의 나타나지
않아.

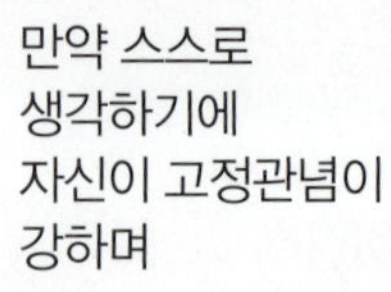

발명왕 에디슨도 아이디어를 떠올리기 위해 이 방법을 애용했대.
일단 잠들기 좋게 의자에 편하게 앉아서,
양손에 구슬을 하나씩 쥐고,
양팔을 아래로 축 늘어뜨리는 거야.
그 아래 바닥에는 접시를 하나씩 놓고 말이야.
이런 자세로 무언가를 골똘히 생각하다
스르르 잠에 빠져들면

그 기록들이 에디슨의 빛나는 업적의 일등공신인지도 모르지. 우리도 무언가 묘안이 필요할 때 이 방법을 써 보면 어떨까?

겉잠이 깊은 잠으로 발전하는 사태를 피할 수만 있다면 말이야.
으이그~ 아이디어는 무슨…
드르렁! 푸

하지만 번개처럼 스치는 아이디어가 모두 쓸모 있는 건 아니야.
번쩍!

생각이 현실화되어 어떤 성과로 이어지려면 독창적이기만 해서는 안 돼.
별 모양 바퀴야. 아이디어 좋지?

창의력도 중요하지만, 실행 여부도 판단해야지.

그 아이디어가 현실에 적합한 것인지 평가하고 검증할 수 있는 사고력도 같이 필요하다는 뜻이야.
좀… 이상한가?

문제를 해결할 때 필요한 사고력에는
?

가능한 여러 가지 해결 방법을 떠올리는 '확산적 사고'와

여러 대안 가운데 가장 적합한 것을 찾아내는 '수렴적 사고', 이 두 방식이 있어.

물론 이 모두는 기억 시스템을 통해 정보의 입력-저장-출력이 원활히 이루어져야 가능하겠지!
정보
입력
저장
출력

잘못된 기억이 죄를 만들기도 한다!

기억은 주입되거나 조작될 수 있어.

미국 윌리엄스 대학 사울 카신 교수 연구팀은 컴퓨터를 일부러 고장 낸 뒤 엉뚱한 사람(실험 대상자)에게 누명을 씌웠지. 실험 대상자들은 처음에 자기가 하지 않았다고 강하게 부인했는데 주위에서 그가 고장 내는 장면을 봤다고 하자 결국에는 상당수가 자신이 고장 냈다고 했어. 심지어 어떻게 하다 고장을 냈는지 설명하는 대상자도 있었는데 이런 경우에는 외부의 압력으로 인해 거짓 기억이 만들어진 거야.

이렇듯 사람의 기억은 완전하지 않아서 법정에서 죄 없는 사람이 잘못된 증언으로 인해 범인으로 몰릴 가능성이 언제든 존재해.

범죄 사실을 입증하는 데는 피해자나 목격자가 법정에서 하는 증언이 결정적인 역할을 하기도 하는데, 이러한 증언들이 정확하지 않을 수 있다는 연구 결과가 속속 보고되고 있어.

미국에는 유전자 지문 감식(DNA fingerprinting) 기술을 활용하여 억울하게 범인으로 몰린 사람들의 무죄를 입증해 주는 단체가 있는데 이 단체에 따르면, 누명을 썼던 사람들의 70% 이상이 목격자의 잘못된 증언으로 유죄 판결을 받았던 것으로 밝혀졌어.

1984년 미국에서 제니퍼 톰슨이라는 여대생이 집에 침입한 괴한에게 폭행당하는 사건이 일어났어. 며칠 후 제니퍼는 경찰이 제시한 용의자들의 사진 중에서 한 사람(로널드 코튼)을 범인으로 지목했지. 경찰은 피해자의 말에 따라 코튼을 체포했고, 그녀는 코튼을 대면한 자리에서 그가 범인이 확실하다는 진술을 했고 법정

무고한 사람이 잘못된 증언으로 유죄 판결을 받기도 한다

에서도 그렇게 증언했어. 코튼은 억울하다고 주장했지만 피해자의 증언이 강력한 증거가 되어 유죄 판결을 받았어.

감옥생활을 한 지 11년이 지났을 때, 코튼은 유전자 지문 감식 기법이 개발되었음을 알고 검사를 실시해 줄 것을 요청했어. 검사 결과 무죄라는 것이 밝혀지자, 제니퍼는 자신의 잘못된 진술 때문에 무고한 사람이 11년이나 옥살이를 했다는 사실에 큰 충격을 받았어.

이처럼 잘못된 증언을 하게 되는 이유는 여러 가지야. 용의자를 확인하는 과정에서 피해자나 목격자가 범죄 장면을 회상하면서 겪는 극심한 스트레스 때문이기도 하고, 성별, 종교, 인종, 직업, 전과 유무 등에 대하여 개인적 편견이 작용할 수도 있지. 또한 용의자가 범행 당시에 복면을 했거나 변장·위장을 하고 있었다면 인상착의를 정확하게 회상하기 어렵지.

한편 증언이라는 것 자체가 기억에 바탕을 두는 것인데, 기억은 시간이 지나면서 변형되고 재구성되기 마련이야. 따라서 검사나 변호사 등 질문을 던지는 사람이 어떻게 대답을 유도하느냐에 따라 회상의 내용이 달라질 수 있어. 질문의 내용이 기억에 영향을 미쳐 왜곡된 증언, 부정확한 증언을 하게 될 수 있는 것이지.

이렇게 법정에서 잘못된 판단으로 피해자를 줄이고자 생겨난 분야가 법정심리학이야. 법정심리학은 법률의 시행이나 법정에서의 문제를 연구하는 분야로 범인 진술이나 목격자 증언의 진위 문제 등을 다루지. 특히 증언의 신뢰성을 판단하는 것은 법정심리학의 중요한 과제로 미국에서는 목격자의 진술이 믿을 만한지 판단할 때 심리학자의 의견을 듣는다고 해.

영화의 배경인 서기 2019년
미래의 외계에 살던 복제인간들은
생명을 연장할 방법을 찾기 위해
지구에 잠입해.

© 1982 The Ladd company

© 2005 DreamWorks Pictures

복제인간은 한 인간
(원본)과 유전적으로
동일하니까 일종의
사본이라고
할 수 있어.

복제는 고등 동물일수록 까다로운데,
이미 체세포 핵 이식 방법으로

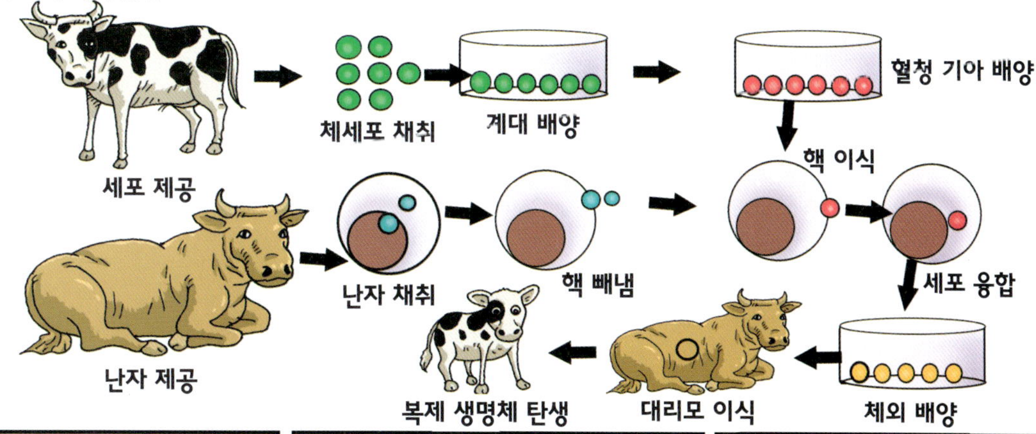

설사 성공한다 하더라도 영화
〈아일랜드〉의 내용처럼 인간의
존엄성이 흔들리는 등
여러 가지 후유증이
발생할 수 있단다.

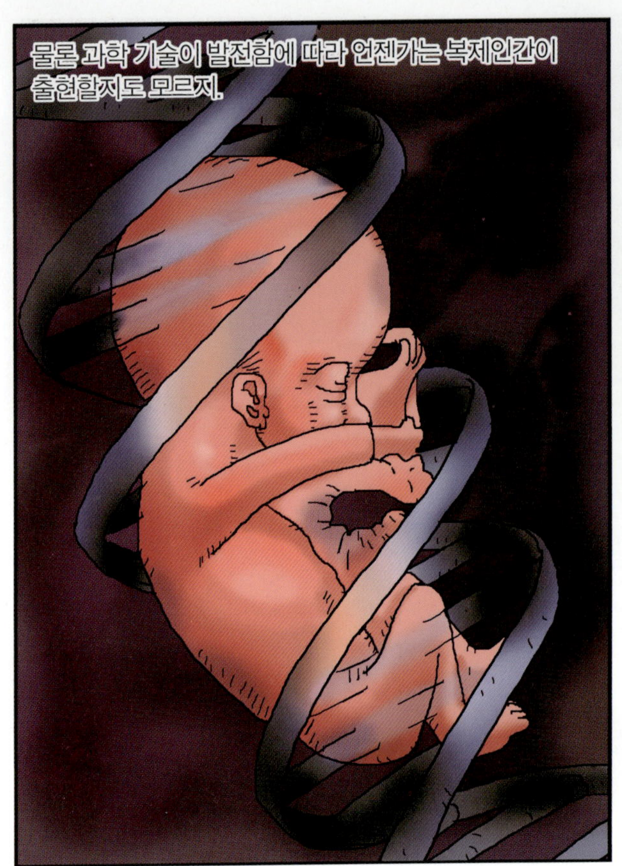

물론 과학 기술이 발전함에 따라 언젠가는 복제인간이 출현할지도 모르지.

동물의 경우에 비춰 보면 외모로는 '진짜'와 구별이 안 될 것 같은데,
?

그럼 '마음'은 어떨까? 유전자가 같으면 성품이나 성격, 지적 능력도 같을까?

여기서 사람의 행동은 태어날 때 결정된다는 본성론(선천론, 유전자 결정론)과 자라면서 환경에 의해 결정된다는 양육론(환경론, 경험론) 간의

본성론
양육론

논쟁에 맞닥뜨리게 되지.

고대 그리스 시대에 플라톤이 생득론(본성론)을, 아리스토텔레스가 경험론을 주장한 이래 수많은 철학자와 과학자들이 이 열띤 논쟁에 참가해 왔어.

본성이야!
아니거든!

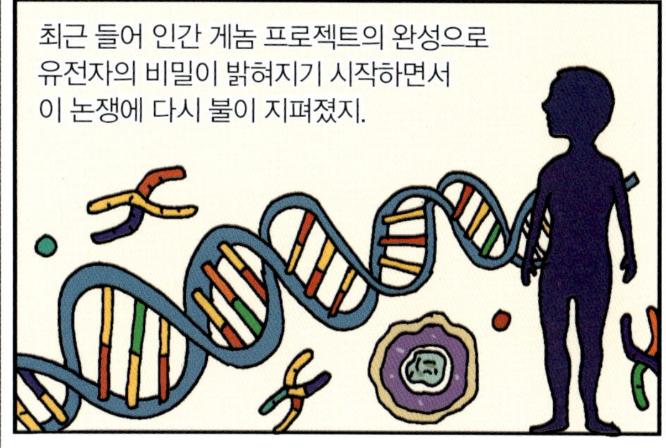

인간 게놈 프로젝트

인간 게놈 프로젝트에서 게놈(genome)은 유전자(gene)와 염색체(chromosome)를 합성해 만든 말로 생물에 담긴 유전 정보를 의미한다. 1990년 미국 등 6개국의 과학자 3,000여 명이 염색체 안에 있는 DNA의 염기 서열을 분석하는 프로젝트를 시작하여 2003년에 완료했다. 비로소 인체의 유전자 지도가 완성된 것이다.

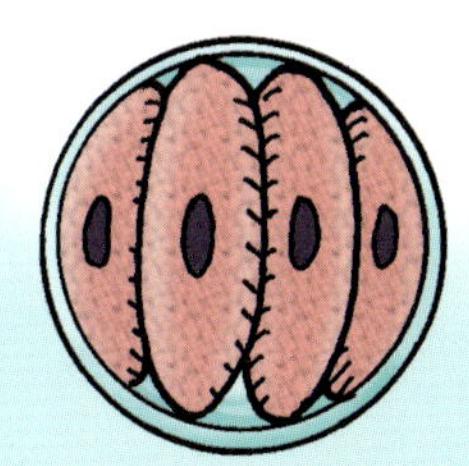

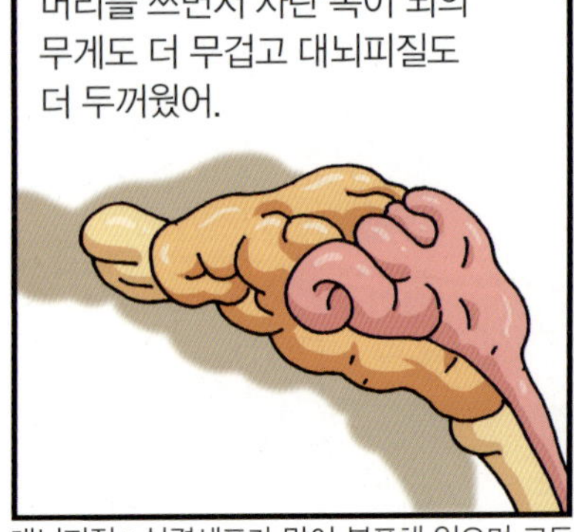

대뇌피질 : 신경세포가 많이 분포해 있으며 고도의 지적 기능을 담당한다.

그런데 인간이나 동물의 발달 과정에는 '결정적 시기'라는 것이 있어서, 그 시기에 필요한 자극을 받지 못하면 제대로 발달이 이루어지지 않아.

우리 속담에도 '세 살 버릇 여든까지 간다'는 말이 있는데,

영화나 책으로 〈정글북〉을 본 적이 있을거야. 주인공 모글리는 어릴 때부터 정글에서 동물과 자랐지.

월트 디즈니 사의 애니메이션 〈정글북〉 포스터

이들은 발달 단계에서 '결정적 시기'를 놓치는 것이 어떤 결과를 가져오는지 잘 보여 준단다.

세상과 격리된 채 5년 동안 개, 고양이와 함께 자라다 발견된 러시아 여자아이는 말을 전혀 못 했고, 줄곧 개처럼 짖거나 방문 위로 뛰어오르는 등 동물과 비슷한 행동을 보였다고 해.

'결정적 시기'는 동물들에게도 일생을 좌우하는 중대한 시기야. 오스트리아의 동물학자 로렌츠는 동물들의 행동을 관찰하여 비교행동학이라는 학문을 정립한 인물이지.

로렌츠(Konrad Zacharias Lorenz, 1903년~1989년)

각인(imprinting) : 동물이 태어난 직후 배우는 행동 양식을 말한다.

노암 촘스키(Avram Noam Chomsky, 1928년~)

골턴(Francis Galton, 1822년~1911년)

우생학과 함께 숨죽이고 있던 유전자 결정론이 1960년대 촘스키의 이론에 힘입어 다시 주목받게 된 거야.

반면 유전보다 환경을 중시한 입장은 근대 경험주의 철학자들에게서 잘 드러나. 특히 영국의 철학자 로크는 인간을 빈 칠판이란 뜻의 '타불라 라사'라고 불렀어.

타불라 라사(tabula rasa) : 아무것도 써 있지 않은 흰 종이라는 뜻으로 로크의 견해에 따라 일체의 경험 이전의 정신상태를 나타내는 말이다.

로크(John Locke, 1631년~1704년)

인간은 환경과의 상호작용, 즉 학습과 경험을 통해 점점 칠판의 빈 공간이 채워지는 것처럼 성장한다는 거야.

왓슨
(John B. Watson, 1878년~1958년)

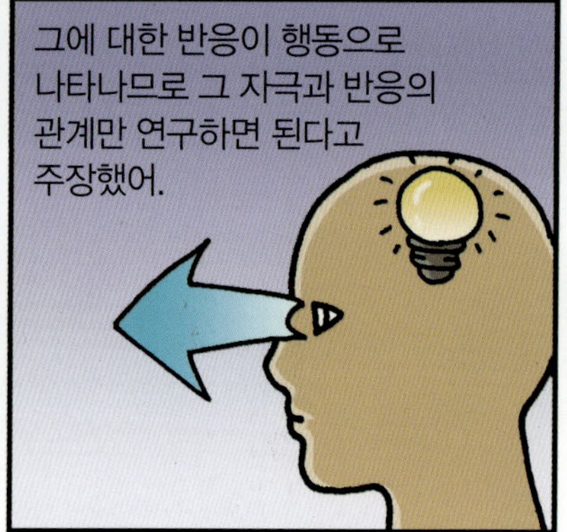

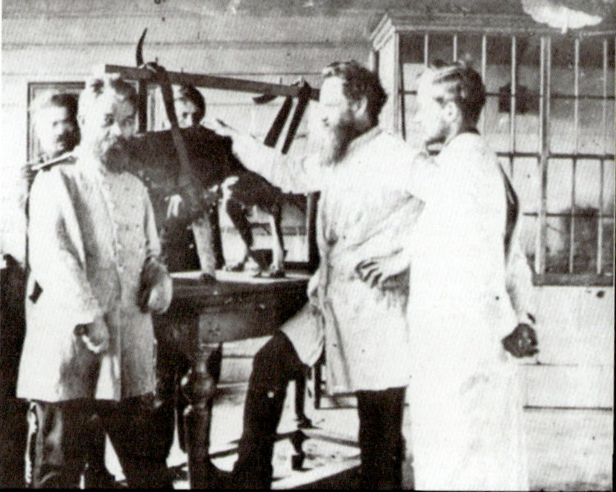

파블로프(Ivan Pavlov, 1849년~1936년)

파블로프는 실험실의 개에게 종소리를 들려 주며 먹이를 주는 행동을 반복했어. 그랬더니 나중에는 개가 종소리만 듣고도 침을 흘리더래. 종소리가 들리면 먹이를 준다는 것을 알게 된 거지. 파블로프는 이런 현상을 조건반사라고 이름 붙였어.

무조건반사와 조건반사
무조건반사는 뜨거운 것을 만졌을 때 손을 바로 떼는 것처럼 자극에 대한 몸의 선천적인 반응이고, 조건반사는 레몬을 먹어 본 후에는 레몬을 보기만 해도 입에 침이 고이는 것처럼, 경험에 의해 후천적으로 학습된 반사작용을 말한다.

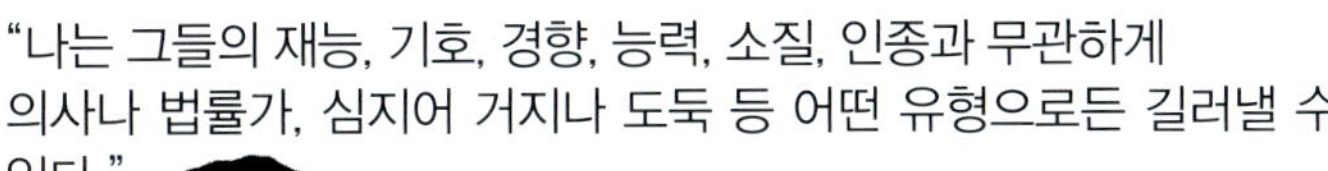

객관적으로 관찰되는 행동만을 연구하자는 행동주의는 심리학이 하나의 과학으로 자리매김하는 데 큰 공헌을 했지만,

1930년대 들어서면서 행동주의는 인간의 자발적이고 주체적인 면을 강조하는 신행동주의로 발전하게 돼.

신행동주의의 대표 주자는 바로 미국의 심리학자 스키너야.

스키너
(Burrhus Frederic Skinner, 1904년~1990년)

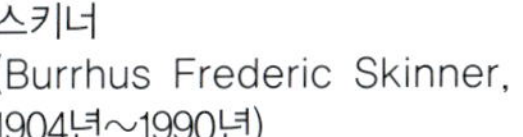

상자 안에서 놀던 쥐는 우연히 지렛대를 눌렀다가 먹이가
나오는 걸 보았어. 이 상황이 반복되자 쥐는 먹이를 얻기 위해
계속 지렛대를 눌러댔지.

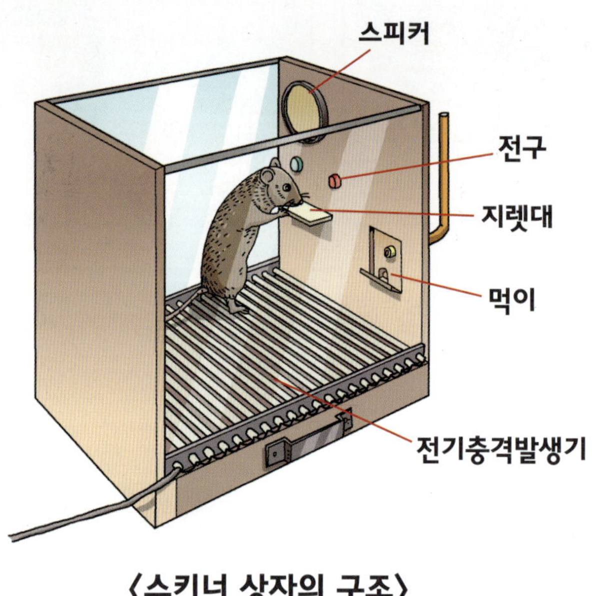

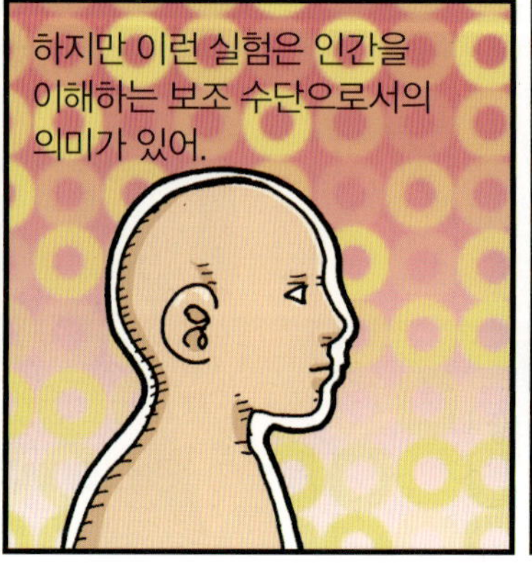

인간 행동을 자발적으로 변화시킬 수 있다는 얘기인데,

이 행동주의 학습 이론이 20세기 심리학과 교육학 등에 끼친 파급 효과는 엄청났어.
행동주의 학습이론

특히 스키너는

인간의 행동을 보상과 처벌로 통제함으로써 이상 사회를 건설할 수 있다고 했지.

보상과 처벌 중 어느 쪽이 더 효과적인지는 아직 확실하지 않아.

하지만 공부하고 싶은 마음이 들게 하는 데는 처벌보다 보상이 효과적이야.
학습
보상

학생들을 두 그룹으로 나누어 한 그룹은 계속 칭찬을 하고 다른 그룹은 줄곧 야단을 쳤더니

'칭찬' 그룹은 공부 의욕이 높아진 반면 '야단' 그룹은 의욕이 완전히 떨어졌대.
성취감
의욕상실

칭찬은 고래도 춤추게 한다잖아, 얼쑤!
얼쑤!

로크에서 행동주의 심리학으로 이어진 경험론의 전통은
내 이론이야.
경험론

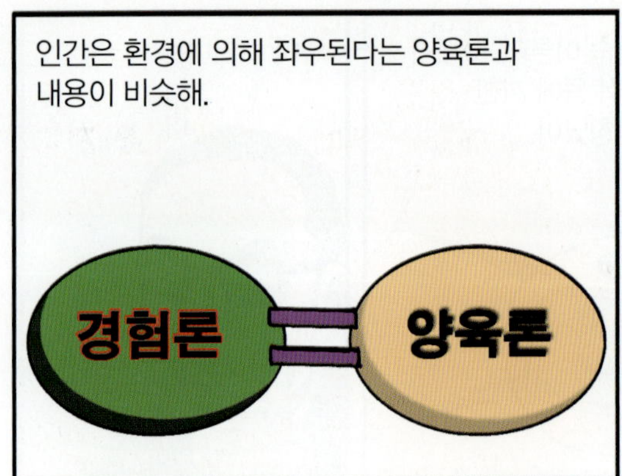

인간은 환경에 의해 좌우된다는 양육론과 내용이 비슷해.
경험론
양육론

성별이나 인종 등 생물학적 차이로 차별 받아선 안 된다는 평등의 이념도 바로 이 이론에서 나온 거야.

모든 인간은 '빈 칠판' 또는 '검은 상자'라는 점에서 같으니까.

그러나 모든 원인을 환경에서 찾는다면
너 때문이야.
환경

개인에게는 아무 책임이 없다는 말이 되고,
왜?

또한 무조건 유전자나 선천적 요인으로 결정된다고 보면 교육이란 것이 아무 의미가 없게 돼.
엄마 닮아서…
영점

자, 본성이냐 양육이냐의 논쟁은 쉽게 결론날 것 같지 않지?
본성
양육

논쟁이 끝나기를 무한정 기다릴 수도 없고, 또 어느 한쪽으로 완벽하게 설명되는 것도 아니어서
머리가 나빠서야!
공부를 안 해서야!

심리학에서는 기본적으로 유전과 환경의 상호작용으로 보고 있어.
환경
유
전
심리학

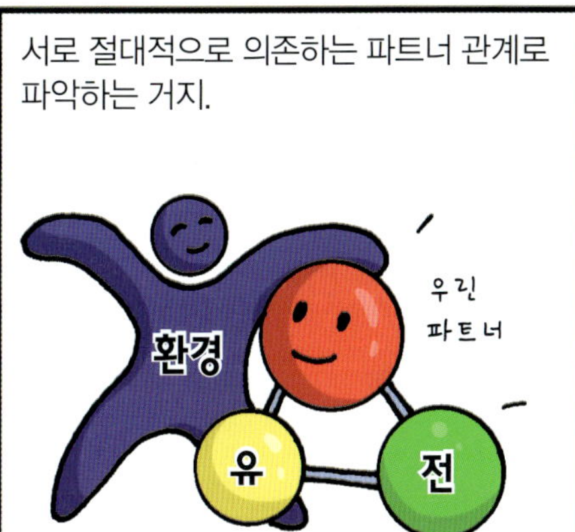

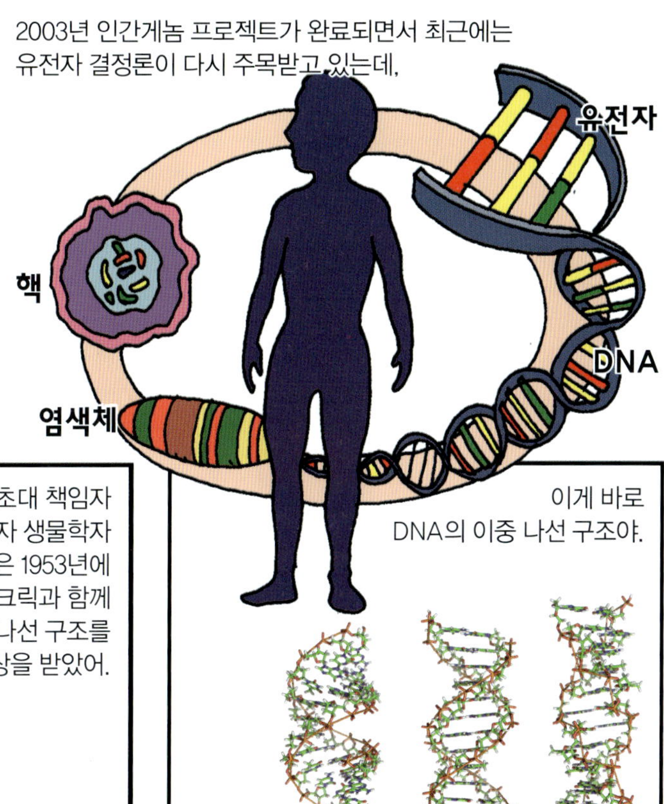

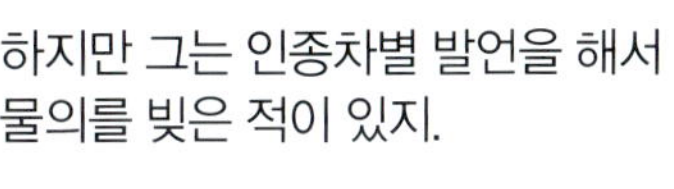

이 프로젝트의 초대 책임자 미국의 분자 생물학자 제임스 왓슨은 1953년에 프랜시스 크릭과 함께 DNA의 이중 나선 구조를 밝혀내 노벨상을 받았어.

제임스 왓슨(James Dewey Watson, 1928년~)

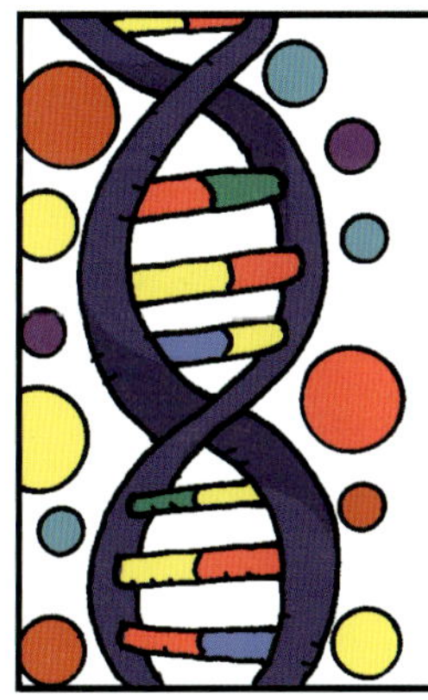

『The selfish Gene』, Oxford University Press, 1976

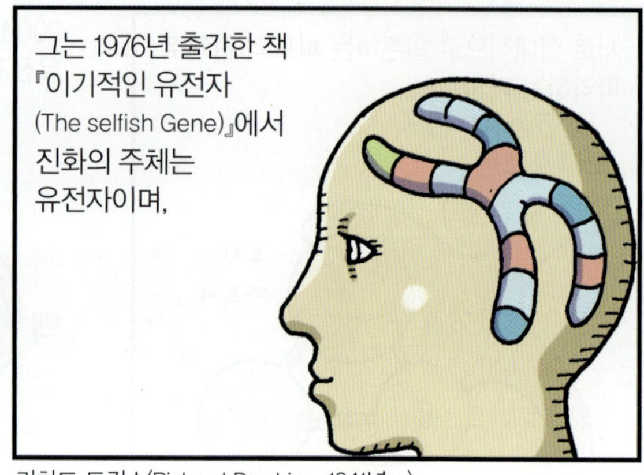

리차드 도킨스(Richard Dawkins, 1941년~)

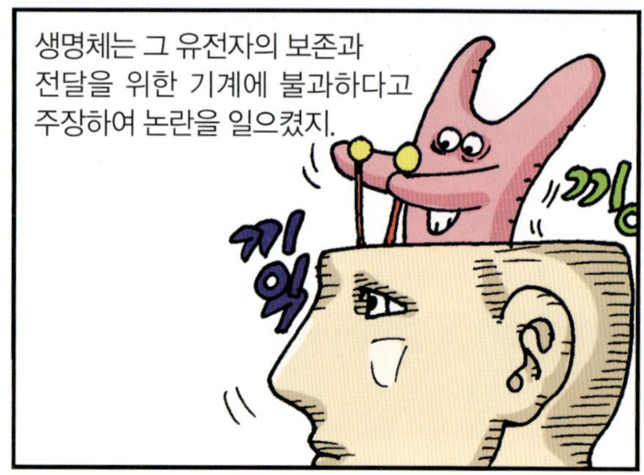

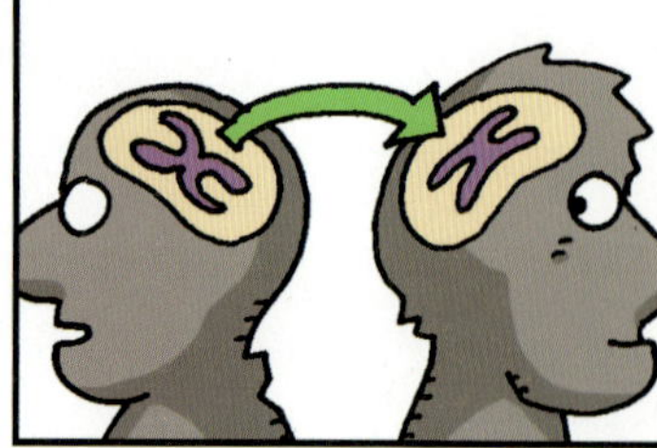

문화 역시 진화의 원리에 따라 강하고 적합한 것들만 살아남는다는 거야. 사실 우리는 여러 문화 요소를 부모님이나 주변 사람들에게 전해 받거나 또는 스스로 모방해 왔어.

하지만 문명비평가 이어령 선생님은, 밈이 꼭 뇌나 몸속이 아니라 음식물을 통해 몸에서 몸으로 복제되고, 윗대에서 아랫대로 전승된다고 보는 것이 맞지 않겠느냐고 하셨지.

예를 들어, 유난히 나물을 좋아해서 참기름만 주면 모든 풀을 나물로 무쳐 먹을 수 있는

우리 민족의 '나물문화'는 곧 우리 민족의 밈이며,

그 속에는 먼 옛날 수렵채집 문화의 흔적이 담겨 있다는 거야.

또한 이제는 음식물보다 인터넷이 밈에 접촉하고 밈을 모방하는 새로운 경로라며, 우리가 간직하고 있는 나물문화의 감성을 정보화 시대의 감각과 잘 컨버전스(융합)할 것을 당부하셨단다.

그런 의미에서 오늘 점심은 오색 나물이 푸짐하게 담긴 비빔밥이 어떨까?

쌍둥이에게는 뭔가 특별한 것이 있다!

쌍둥이 연구는 유전자가 전부 동일한 일란성 쌍둥이와 절반만 동일한 이란성 쌍둥이를 대상으로 유전자의 영향을 분석하는 연구야. 최근 국내에서 3년간 쌍둥이 1,200여 명을 분석한 연구가 행해진 적이 있어. 조사 결과에 따르면 신장은 65%, 몸무게와 비만도는 50% 정도가 유전적 요인으로 결정되며 특히 각막, 심장, 뼈의 모양 등은 일란성 쌍둥이끼리 놀라울 정도로 비슷했어. 그러나 식습관이나 운동량 등은 일란성 쌍둥이라 해도 어른이 된 후 달라지는 경우가 많아 환경적 요인이 크게 작용함을 알 수 있었지.

쌍둥이 연구를 생각해 낸 인물은 19세기 영국의 유전학자이자 우생학의 창시자인 프랜시스 골턴이야. 그는 인류를 유전학적으로 개량하여 우수한 소질을 가진 인구를 늘리자고 주장했지. 우생학은 20세기 유럽과 미국에 큰 영향을 끼쳐 1909년 미국에서는 수십만 명이 정신질환자, 범죄자, 알코올 중독자라는 이유로 강제 불임 시술을 당했어. 1920~1930년대에는 스위스, 캐나다, 덴마크, 노르웨이, 독일 등에서도 우생학 이론에 근거하여 강제 불임 시술을 허용하는 법이 제정되었지.

일란성 쌍둥이는 유전자가 동일하다.

우생학이 불러온 비극으로는 나치의 인종 말살 정책과 그로 인한 유대인 학살이 대표적이야. 히틀러는 고등한 민족인 게르만족이 열등한 민족과 피가 섞여서는 안 된다며, 집권 이듬해인 1933년 '유전 위생법'이란 것을 공포하고 1945년 제2차 세계대전 종전 때까지 600만 명에 이르는 유대인을 '인종 청소'라는 이름으로 학살했어. 당시 나치는 유전학과 우생학 연구를 지원하며, 유대인과 슬라브인을 노예로 삼아 전 세계에 게르만족이 번성하도록 만든다는 계획을 세우기도 했지.

특히 아우슈비츠 수용소의 내과 의사 요제프 멩겔레는 가스실로 보낼 유대인과 강제 노역에 동원할 유대인을 선별하는 일을 담당하면서 수감자들을 이용하여 유전학을 연구했어. 그는 잔혹한 생체실험으로 '죽음의 천사'라 불렸는데, 특히 본성과 양육의 상대적 기여도를 연구하겠다며, 쌍둥이들을 특별 시설에 격리해 갖가지 잔인하고 끔찍한 실험을 자행했지.

'죽음의 천사' 요제프 멩겔레.

한편 영국의 심리학자 시릴 버트는 1950년대와 1960년대에 걸쳐 일란성 쌍둥이들을 연구한 끝에, 지능은 유전에 의해 결정되는 경향이 높다는 내용의 연구 결과를 발표했어. 그가 죽은 이후에 연구 자료가 조작된 것으로 드러나면서 쌍둥이 연구는 한동안 외면받지만, 1990년대 들어 인간 게놈 프로젝트를 계기로 다시 각광 받게 되었어.

쌍둥이 연구는 이처럼 '본성 대 양육' 논쟁과 밀접하게 연관되어 있어. 쌍둥이 연구가 유전병 연구에 도움을 주긴 하지만 유전자가 모든 것을 결정한다는 '본성론'은 자칫 우생학의 논리를 정당화하며 사회적 편견과 차별을 조장할 수 있으므로 조심스럽게 접근해야 해.

한편, 우생학에 기초하여 각국에서 제정되었던 우생법안들은 1970년대에 시행이 중단되었단다.

6장 콤플렉스 속에 깃든 심리를 찾아라!

오이디푸스는 그리스 신화에 나오는 영웅으로
고대 그리스 3대 비극 작가의 한 사람인 소포클레스가
그에 관한 전설을 〈오이디푸스 왕〉이란 작품에서 다루어
유명해졌어.

고대 그리스 3대 비극 작가 : 아이스킬로스, 소포클레스, 유리피데스

오이디푸스는 고대 그리스의 도시국가 테베의
왕자로 태어났어. 왕자에게
'아비를 죽이고 어미와 결혼하게 된다'라는
신탁이 내려지자,

신탁 : 인간이 판단할 수 없는 어려운 문제의 해결을 위한
인간의 물음에 대한 신(神)의 응답.

왕은 깜짝 놀라 아기를
내다 버렸지.

다행히도 이웃나라 사람에게 발견된
오이디푸스는 무럭무럭 자라나
청년이 되었는데,

우연히 자신에게
내려진 신탁의
내용을 알게 돼,

자신의 아버지를 죽일지도
모른다는 생각에 방랑을
떠났다가 사소한 시비 끝에

한 노인을 죽이고 말았어.
그 노인이 자신의 친아버지인
것을 모르고 말이야.

한편 오이디푸스가 태어난
테베에는 지나가는 사람들에게
수수께끼를 내어
맞히지 못하면 그 사람을
잡아먹는 괴물 스핑크스가
있었는데,

귀스타브 모로의 〈오이디푸스와 스핑크스〉, 1864년

오이디푸스 왕의 이야기처럼 전설, 신화, 시, 희곡, 어떤 것이든

인류가 만들어 낸 이야기에는 인간의 내면이 그려져 있어.
신화
희곡

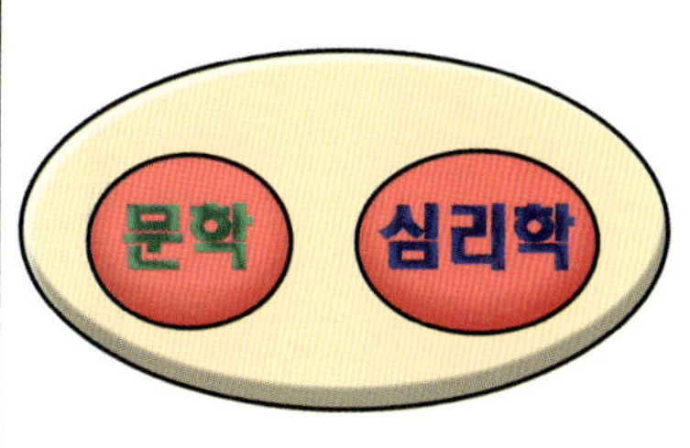

인간에 대한 이해와 통찰이 담겨 있다는 점에서 문학은 심리학과 통하는 부분이 있단다.
문학
심리학

나(프로이트)는 이 오이디푸스의 전설에서, 어머니를 독점하고 싶어 하는, 아이의 욕망을 읽어 냈어.

내 마음속에도 아버지에 대한 사랑과 미움, 죄책감이 뒤엉켜 있었거든.

연구 결과 이러한 원초적 욕망이 인류에게 보편적으로 존재한다고 생각하고
욕망

'오이디푸스 콤플렉스'라고 이름 붙였지.
오이디푸스 콤플렉스

콤플렉스라는 말은 보통 열등감을 뜻하지만, 실은 '여러 감정을 가진 복합체'라는 의미야.

오이디푸스 콤플레스는 아들과 어머니, 아버지의 삼각관계 비슷한 건데… 이 비극적이고 곤혹스러운 사태가 지속된다면 정말 곤란하겠지?

어른이 되어 마음에 드는 이성을 만났을 때 '정상적으로' 교제할 수 있기 위해서라도 이 콤플렉스를 잘 극복해야 하는데 말이야.

이 시기를 거치면서 아버지처럼 어머니를 사랑하고 싶다는 마음이 아버지처럼 되고 싶다는 바람으로 변하게 돼. 아버지를 모델로 삼으면서 비로소 남자다워지기 시작하는 거지.

그 결과, 아버지에게는 애정을 품고 어머니에게는 반감을 갖는데
아빠~
이걸 엘렉트라 콤플렉스라고 해.
Electra complex

이 역시 마음속에 초자아가 확립되고 어머니를 모델 삼아 여자다워지면서 사라진다고 해.
엄마같은 여자가 될래.

엘렉트라는 또 어떤 사연을 지닌 인물일까?

엘렉트라는 고대 그리스 도시국가 미케네의 공주야.
엘렉트라 콤플렉스 (Electra complex) : 딸이 아버지에게 애정을 품고 어머니를 경쟁자로 인식하여 반감을 갖는 경향을 일컫는 정신분석학 용어.

그녀의 아버지는 아가멤논이라는 그리스 신화의 트로이 전쟁 영웅이지. 트로이 전쟁의 총지휘관이었던 아가멤논은 10년간의 전쟁을 끝내고 고향에 돌아오지만

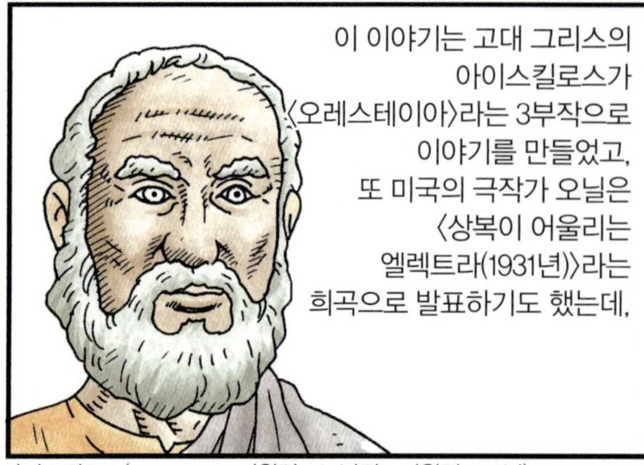

아이스킬로스(Aeschylos, 기원전 525년경~기원전 456년)

엘렉트라와 오레스테스를 묘사한 그림.

가족 간의 갈등을 통해 인간 존재와 운명에 대한 고민이 잘 드러나 있기 때문에 여러 문학 작품으로 만들어졌지.

자, 그렇다 하더라도 엘렉트라 콤플렉스나 오이디푸스 콤플렉스는 쉽게 이해가 안 되지?
어렵니?

내가 이러한 주장을 처음 펼쳤던 것이 지금으로부터 100여 년 전이니,
100

당시 사람들이 받았을 충격은 어느 정도였는지 짐작이 갈 거야.

지금부터 나에 대해 좀 설명할게. 나는 오스트리아에서 태어난 신경과 의사였어.
프로이트

조금 자랑을 하자면 내가 태어난 직후 어떤 할머니가 말하길 내가 커서 세계적인 인물이 될 거라고 예언을 했대.
천재다.
꺄르르~

내가 어려서부터 조금 총명했지.
무엇이든 물어 보세요.

내가 연구한 이론은 이거야. 사람의 마음은 크게 의식과 무의식의 작용으로 이루어지는데
의식

전체 마음을 빙산에 비유하자면

의식은 물 위에 솟은 '빙산의 일각'이고
의식

무의식은 물에 잠겨 있는 거대한 부분에 해당한다고 볼 수 있지.
무의식

이 무의식에는 의식에서 억압된
본능, 관념, 충동들이 자리 잡고 있는데
그 무의식이 인간의 행동을 지배하는 거야.
특히 그중에서도 성적 본능이
크게 자리 잡고 있어.

인간 행동의 원동력이 되는
이러한 성적 욕구를
'리비도'라고
하는데

이것은 본능적인 것이기 때문에 당연히
아기들에게서도 나타나지.
이 이론이 바로 '소아성욕론'이야.

소아와 성욕이라…
해맑은 아기들의 표정과 성욕을
연관지으려니, 잘 안 되지?

여기서의 성욕은 좀 넓은
개념으로 성 본능과 연결된
생명 에너지라고 보면 돼.

그런데 무의식이 있다는 걸 어떻게
증명하느냐고?

사실 나도 이 학설을 과학적으로
입증할 수 없다는 것은 잘 알고
있었어.
눈으로
볼 수
있는 게
아닌데…

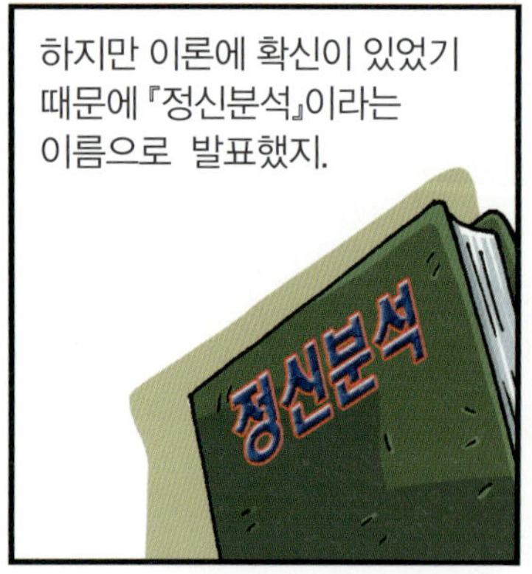

하지만 이론에 확신이 있었기
때문에 『정신분석』이라는
이름으로 발표했지.
정신분석

융(Carl Gustav Jung, 1875년~1961년)

이처럼 사방에서 나의 이론을 '헛소리'로 취급하고 공격했지만 융은 내 편이 되어 줬지.
미국에 초청되어 갔을 때는 융과 함께 지내며 서로의 꿈을 분석해 줄 정도로 친하게 지냈어.
돼지꿈
개꿈

그러나 융이 '리비도'에 대해 다르게 생각하면서
이건 삶의 에너지가 맞아.
리비도

우리 사이에 의견 대립이 생겼고, 결국 서로 갈라서게 되었지.
흥!

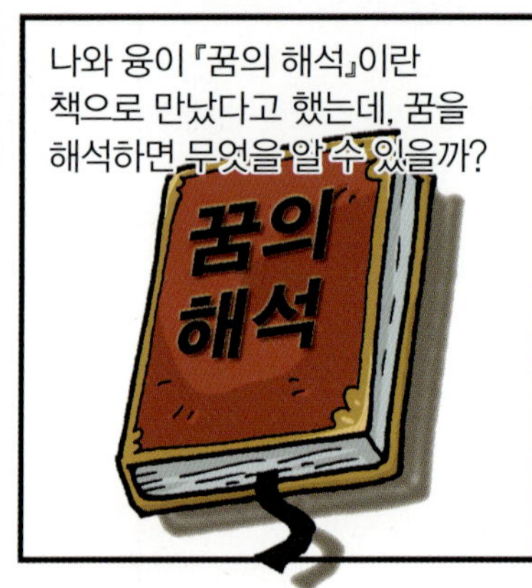
나와 융이 『꿈의 해석』이란 책으로 만났다고 했는데, 꿈을 해석하면 무엇을 알 수 있을까?
꿈의 해석

사실 정신분석에서 꿈은 '무의식으로 가는 길'로 여겨진단다.

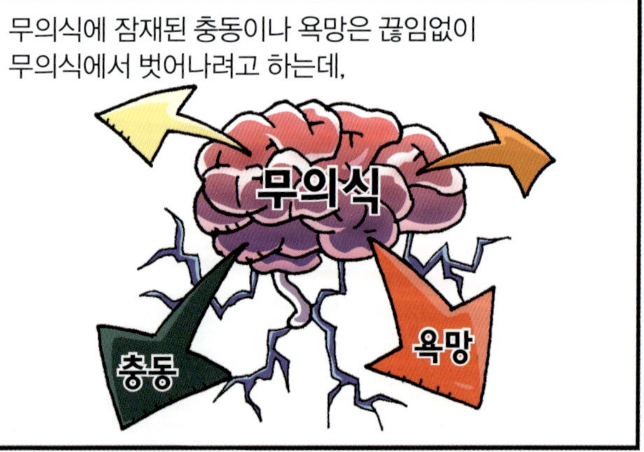
무의식에 잠재된 충동이나 욕망은 끊임없이 무의식에서 벗어나려고 하는데,
무의식
충동
욕망

그런 현상은 꿈이나 무심코 하는 말실수나 버릇 등을 통해 나타나지.
어머, 실수다….
부장님은 너무 못생겼어요!

특히 꿈에서는 그것들이 있는 그대로
나타나는 것이 아니라

살짝 비틀어지고
변형된 모습으로
드러나.

사실 우리의 꿈은 평소의 감정이나 소망 등이 황당한 이야기 속에
그럴싸하게 녹아들어 있지. 그런 면에서 보면 내 이론도 일리가 있지만,
관련 학문이 발전하면서 최근에는 꿈을 뇌의 기억 활동,
또는 정보처리과정의 차원에서 생기는 현상으로 보는 견해가 우세하단다.

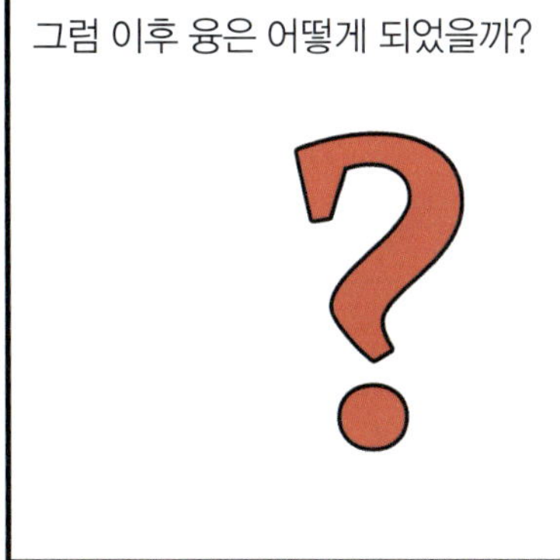

그럼 이후 융은 어떻게 되었을까?
?

그는 국제 정신분석학회
제1대 회장을 지낼 정도로
내 이론을 따랐지만
어흠….

본인의 이론으로 분석심리학을
창시하여 나의 강력한 라이벌이
되었지.
융
프로
이트

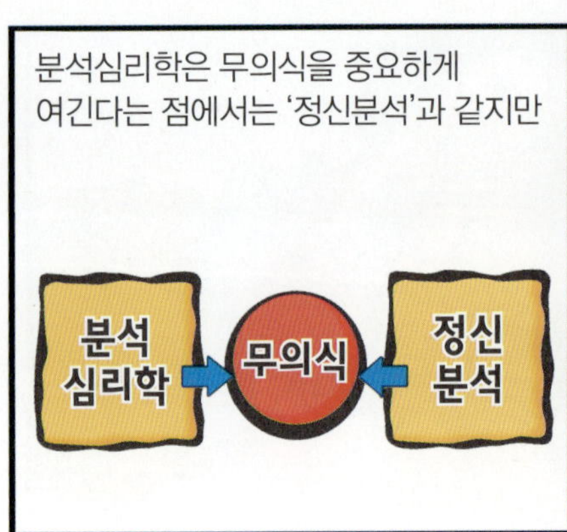

정신과 의사였던 그는 수많은 환자들을 치료하면서,

동서양의 신화나 전설, 전래 동화나 민담 등에 괴물이나 마녀, 귀신 등이 공통적으로 등장하는 것도 이 때문이겠지?

그러고 보면 5장에 등장한 도킨스가 말한 문화유전자(밈)라는 개념이 이 집단무의식과 통하는 부분이 있는 것 같아.

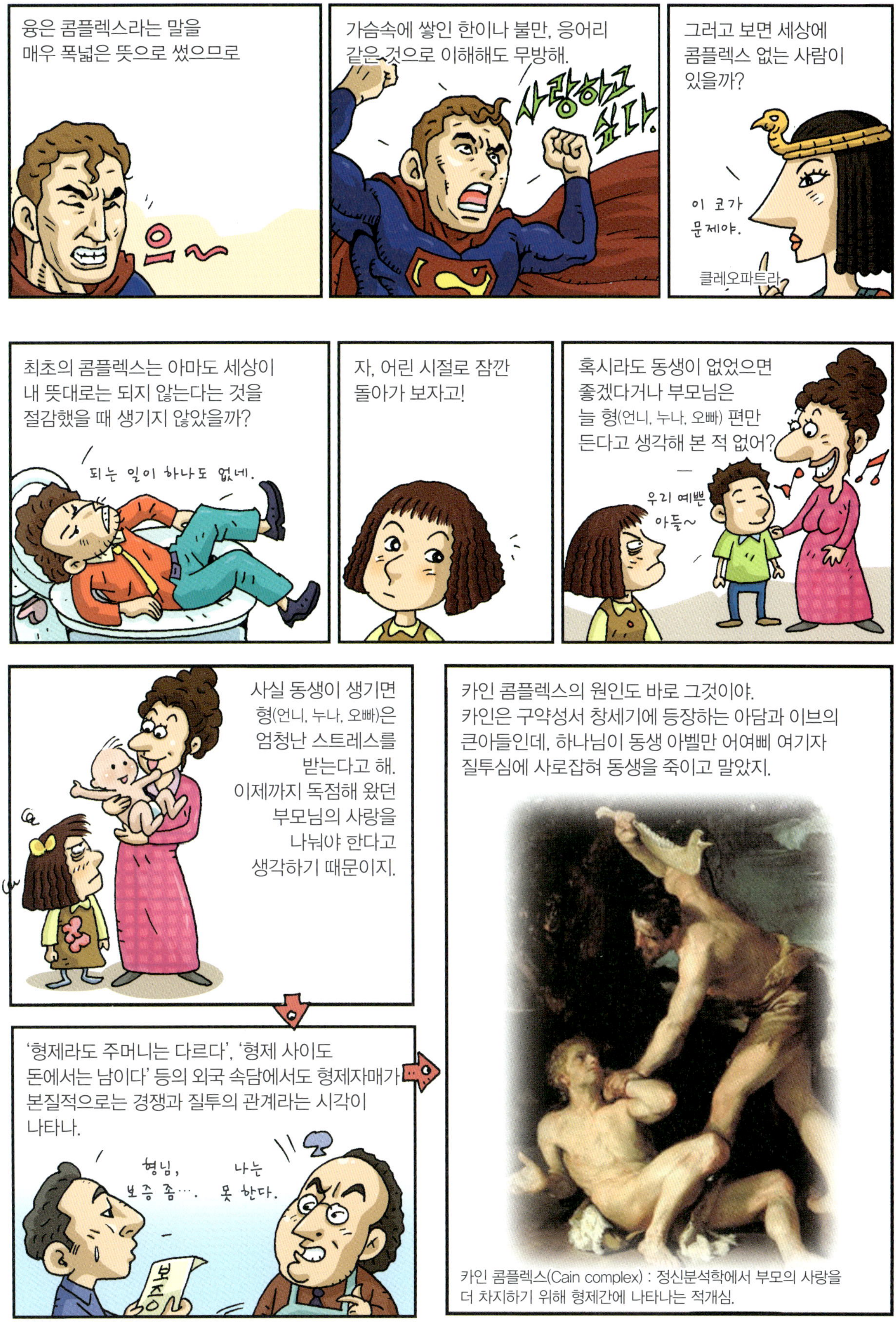

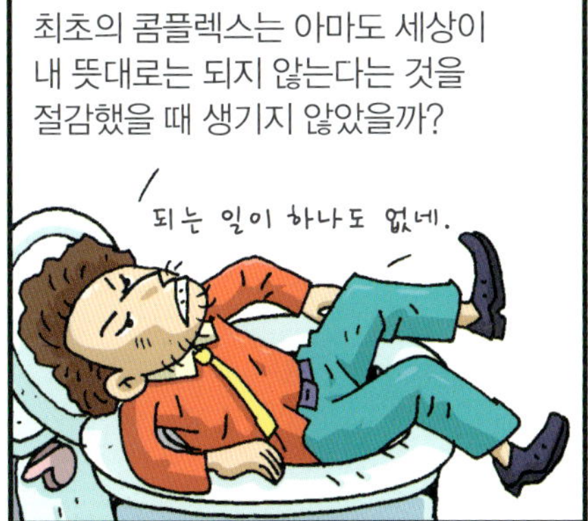

카인 콤플렉스의 원인도 바로 그것이야.
카인은 구약성서 창세기에 등장하는 아담과 이브의
큰아들인데, 하나님이 동생 아벨만 어여삐 여기자
질투심에 사로잡혀 동생을 죽이고 말았지.

카인 콤플렉스(Cain complex) : 정신분석학에서 부모의 사랑을
더 차지하기 위해 형제간에 나타나는 적개심.

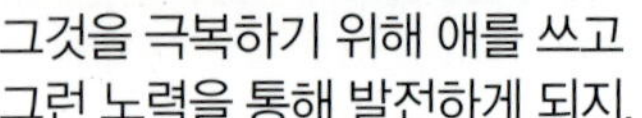

특히 신체적으로 열등감이 있는 사람이 그걸 극복하고 성공한 사례가 많아. 나폴레옹도 작은 키에 대한 열등감을 극복하려고 정복 전쟁을 일으킨 거라는 얘기가 있어. 그래서 키 작은 사람이 그에 대한 보상심리로 공격적으로 행동하는 것을 가리켜 '나폴레옹 콤플렉스'라고 하지.

현대 중국의 최고 지도자였던 마오쩌둥이나 덩샤오핑도 역사에 이름을 남긴 '작은 거인'들이지.

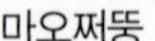

나폴레옹(Napoleon Bonaparte, 1769년~1821년)

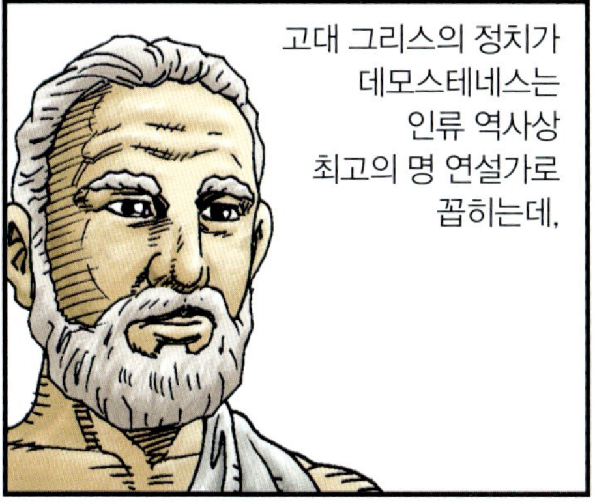

데모스테네스(Demosthenes, 기원전 304년~기원전 322년)

알프레드 아들러
(Alfred Adler, 1870년~1937년)

그리고 조금 치사했지만 왜소한 체격의 아들러를
난쟁이에 빗대 "내가 난쟁이를 위대하게 만들었다"고
빈정거리기도 했어.

아들러도 이에 지지 않고
"거인의 어깨 위에 선
난쟁이는 그 거인보다
훨씬 멀리 볼 수 있다"며
맞섰지.

이렇게 끝까지 서로 비난을 퍼부으며 싸웠지만

그만큼 서로의 학문에 대한 자부심이
컸기 때문이라고 이해해 줘.

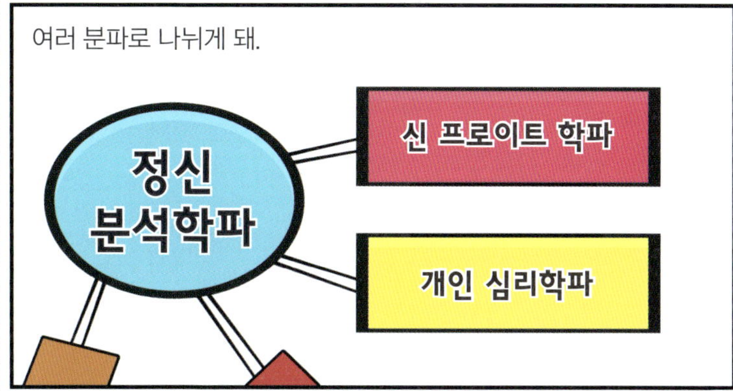

왜냐하면 인간을 이해하는 데 하나의 새로운 단서를 제공했고 마음의 신비에 한 발 더 다가설 수 있는 발판을 마련했기 때문이지.
그리하여 20세기 내내 심리학뿐만 아니라 정치, 경제, 사회, 문화, 예술, 종교, 사상 등 다양한 분야에 걸쳐 엄청난 영향을 미쳤단다.

『삼국지』에도 악성 댓글이 있었다고?

19세기 독일의 언어심리학자 하이만 슈타인탈(Heymann Steinthal)은 '언어는 개인의 심리의 표현이며, 언어공동체 전체의 언어는 집단 심리의 표현이다.'라는 말을 남겼어.

그의 말처럼 인간의 언어생활은 정신활동과 밀접한 관련이 있어. 말을 할 때 무의식적으로 자기중심적으로 표현하는 것이나, 상대방에 따라 목소리의 크기, 말투, 억양 등이 달라지는 것도 모두 심리작용에 의한 것이지.

또한 '글은 그 사람이다'라는 말도 있는데 이는 글 속에 그 사람의 성격, 감정, 사상 등 글쓴이의 개성이 그대로 드러난다는 의미야.

최근 악성 댓글의 문제가 심각해지고 있는데, 인터넷에서 댓글을 올리는 행위 자체는 자신의 상태나 욕구를 타인에게 내보이고자 하는 과시욕의 발현으로 풀이될 수 있어. 그중 악성 댓글을 올리는 경우는 사이버 공간의 익명성에 기대어 내면의 분노나 부정적 감정 등을 풀어내는 것이지. 또한 악플러들은 다른 네티즌들의 반응을 끊임없이 확인하곤 하는데, 이는 악플러들이 남들의 주목을 받거나 관심의 대상이 되는 것을 즐기는 경향이 있기 때문이야.

악성댓글과 더불어 독설이나 욕설이 하나의 문화 코드처럼 인식되고 있어. 독설이나 욕설을 통해 나름대로 친근함을 나타내고 일종의 카타르시스를 경험하게 될 수도 있으나, 듣는 사람은 뇌의 변연계 부분이 활성화되며 공격성에 자극을 받게 돼. 변연계는 생존에 필요한 기본적인 욕구와 원초적 감정에 관여하는 부위이기 때문에 독설이나 욕설을 들은 사람은 감정에 휘둘려 이성적으로 대처하지 못하고 결국 화를 내게 되지.

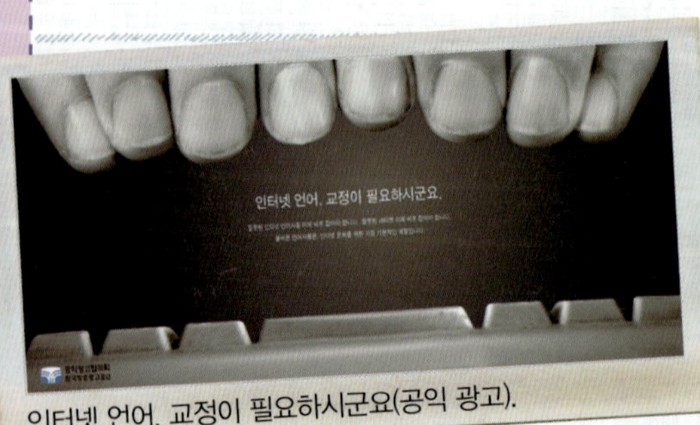

인터넷 언어, 교정이 필요하시군요(공익 광고).

　　바로 이런 점을 이용해 삼국지에
는 욕설이나 조롱으로 상대방의 감
정을 자극하는 장면이 종종 등장하
지. 상대 장수의 화를 돋우고 흥분
시켜 자신의 의도대로 움직이도록
이끄는 계책으로서, 이른바 격장
지계(激將之計)라고 한단다.

영화 〈적벽대전〉의 한 장면.

　　적벽대전 직전, 제갈량은 조조
에 맞서기 위해 손권과의 동맹을 추진하기로 하고, 그를 설득하기 위해 강동으
로 찾아가. 손권을 만난 제갈량은, 지금 강동의 병력으로는 조조에게 대항할 수
없으니 빨리 항복하라고 권해. 자존심이 상한 손권은 불쾌해하며, 그러면 왜 유
비는 지금까지 조조에게 항복하지 않는 거냐고 되묻지. 이에 제갈량은, 자신의
주군인 유비는 걸출한 영웅인데 어찌 조조 따위에게 항복을 하겠느냐면서 손권
의 자손심을 건드려. 제갈량의 말에 손권은 발끈하여, 자신도 조조 따위에게 굴
복할 수 없다고 대답하며 결국 제갈량의 의도대로 손권과 유비의 동맹이 성사되
기에 이르지.

　　이러한 격장지계는 수사관이 범죄 용의자를 취조할 때 쓰이기도 하는데 화를
내고 흥분하면 누구든 자제력을 잃어 실수를 하거나 즉흥적으로 판단하게 되기
때문이야.

　　이처럼 언어를 어떻게 사용하느냐에 따라 계책으로도 사람의 마음을 다치게
도 할 수 있어. 언어가 그 사람을 나타낸다는 말을 기억하고 자신이 사용하는 말
이 상대방의 마음을 다치게 하지는 않는지 고민하며 사용해야 해.

7장 마음은 언제나 움직이는 거야!

대부분의 광고는 무의식에 호소하는 방법을 이용해.
꿀꺽!

PPL은 무의식에 호소하는 광고의 대표적인 경우인데,
JeeE

시청자들은 광고라는 사실을 깨닫지 못한 채, 화면에서 보여 주는 이미지를 무의식적으로 받아들여서, 자연스럽게 상품을 가지고 싶게 만드는 거지.
BANG
Life-S
SK
MY
OOg

그래서 드라마에서 주인공이 사용한 제품이 다음날 매진되는 등 일반 광고보다 효과가 커.
어떻해!!
품절

하지만 PPL의 효과가 좋다는 결과가 나오자
PPL
PPL
PPL
PPL

드라마나 영화에 너무 많은 상품이 노출되어 '홈쇼핑을 보는 것 같다'고 비판하는 사람들도 있어.
이게 드라마야, CF야?

PPL이 효과 있는 이유는 광고인 줄 모르기 때문에, 거부감 없이 물건을 사게 된다는 거야.
김태희가 입는 옷 주세요.

만약 우리가 진열대에 놓인 여러 가지 제품들 중에서 하나를 고른다면
LOVE

무심결에 광고에서 많이 본 제품을 선택한다고 해.
앗! 용준오 빠가 쓰는 향수잖아~.

이런 심리를 이용하면, 반발심과 호기심에 구매하고 싶은 생각이 들기도 한단다.

실제로 1980년 미국에서는 '칼리굴라'라는 로마시대 황제를
주인공으로 한 영화가 개봉되었는데, 내용이 너무 잔인해서
보스턴 시에서 상영을 금지한 적이 있었어.
그런데 금지시키니 오히려 다른 도시로 영화를
보러 갈 정도로 사람들에게 인기가 있었던 거야.
그래서 이런 반대심리를
'칼리굴라 효과'라고 부른단다.

이것을 보다 과학적으로 연구한 것으로는
'신경마케팅'이란 분야가 있는데,
소비자의 뇌 반응을 마케팅에 활용하는 경우야.

이를 드러나게 했던 것이 코카콜라와 펩시콜라의
'콜라전쟁'이야.

코카콜라는 1886년 미국의 한 약사가 피로회복제로
만든 것이 인기를 끌면서 탄생했어.

fMRI(기능성 자기공명영상장치) : 자기장을 이용하여 생체의 단면 그림을 얻을 수 있는 첨단의학기계.

우리나라 소비자들도 해외 명품 브랜드와 국내 대중 브랜드에 대한 뇌 반응이 다르게 나타났는데,

해외 명품 브랜드는 로고만 보여 줘도 '욕망' 영역이 활성화되는 반면에

그렇다고 사람이 명품이 되는 건 아니야.

국내 대중 브랜드는 과거에 사용했던 기억과 친근감 등의 영역이 활성화되는 게 전부였어. 이런 것이 바로 브랜드 파워란다.

사람들이 선망하는 브랜드로 자리 잡음으로써 브랜드 파워를 지니게 되는 거야.

브랜드 파워를 지닌 제품은 여러 사람이 직접 써 보고 만족스러웠다거나, 좋은 소문을 들었다거나 하는 긍정적 경험들이 쌓인 것으로 판단되기 때문에

무의식적으로 '갖고 싶다'는 욕망을 지니게 되는 거거든.

무의식적으로 학습되고 기억되는 것이 얼마만큼 강력한 힘을 발휘하는지 알 수 있겠지?

그런데 이 브랜드 파워가 상품에만 적용되는 게 아니란다. 사람도 마찬가지야.

주변의 친구들을 생각해 보면
스포츠를 잘 한다거나 퀴즈를 잘 푼다거나
모범적이라는 그 친구를 대표하는 이미지가
떠오를 거야.
이런 걸 고정관념이라고도 하는데

NOTE
3 5 8
16 7 19
45 30 21
FX

고정관념은 일단 생기면 쉽게 바뀌지
않기 때문에
키만 컸지,
싱거워.

잘못 만들어진 고정관념은
위험할 수도 있어.
A
학점
너
커닝했지?

자신의 고정관념에 맞는 경우에만
주목하고 반대되는 사례는 무시하면서,
암튼 넌
안돼.

자신의 고정관념을 더욱 확신하고,
견고하게 하는
식으로, 악순환이
이루어지지.

한 연구를 예로 들어 볼게.
하이

넬슨 만델라 (Nelson Rolihlahla Mandela, 1918년~) : 남아프리카공화국 최초의 흑인 대통령. 1993년 노벨 평화상을 수상했다.

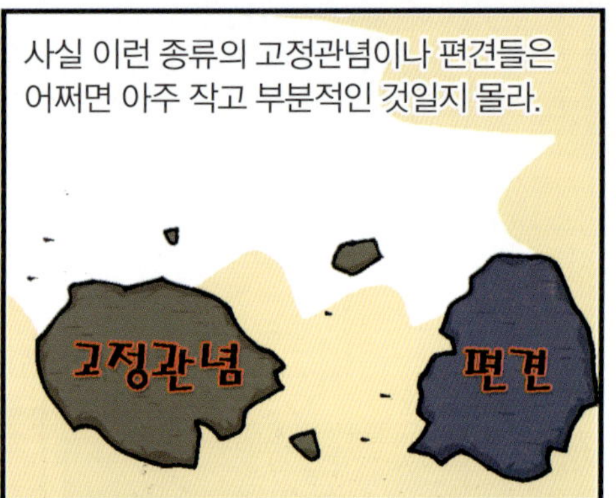

베이컨
(Francis Bacon,
1561년~1626년) :
영국 고전경험론
의 창시자이다.
과학법칙론,
귀납법 등의
논리를 만드는
데 힘썼다.

인간은 마치 자신들이 우주의 주인인 것처럼 굴지만 결코 인간이 이 세상의 주인은 아니지.

마치 무대 위의 가공된 이야기를 진실인 것처럼 여기는 것과 같다는 뜻이야.

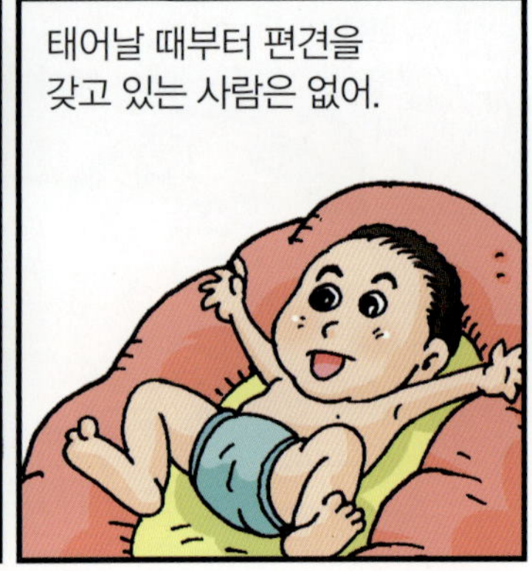

솔로몬 애쉬
(Solomon Asch,
1907년~1996년)
미국 정신분석학자
이자, 사회 심리학의
창시자이다.

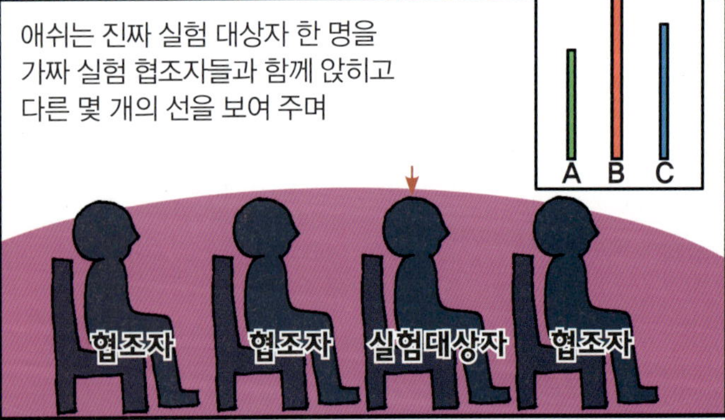

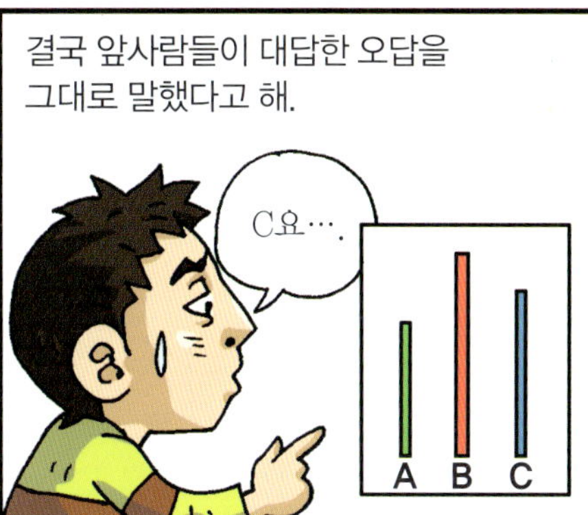

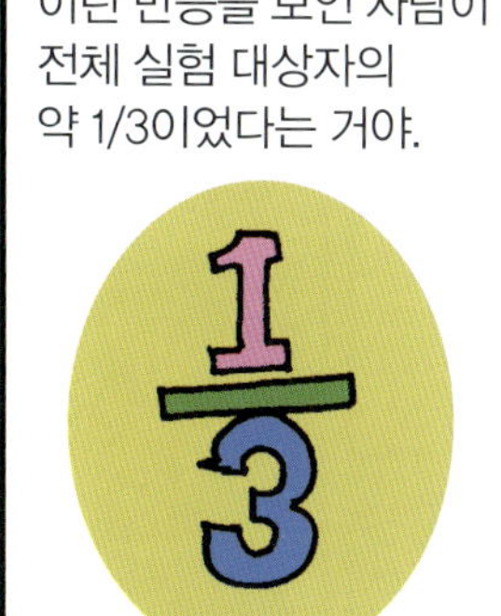

괴테(Johann Wolfgang von Goethe, 1749년~1823년)

구출된 후 조사를 받는 과정에서도

한편 1996년 페루 리마에서는 14명의 반군들이 일본대사관을 점거하고 4백여 명의 인질을 억류하는 사건이 일어났어.

인질의 가족에게 안부 편지를 보내 주고,

물론 이런 일들은 특수한 상황에서 일어난 특이한 현상이지만

동조 심리의 한 부분을 보여 주는 건 사실이야.

결국 '동조'라는 것은 압력이 있는 대다수의 의견에 개인의 의견을 맞추는 것인데, 여러 나라에서 앞에 나온 애쉬의 실험을 해 보았더니, 확실히 집단이 우선시되는 나라에서 오답에 동조하는 현상이 더 높게 나타났어.

다른 예로 '따돌림'도 주축이 되는 가해자에게 다른 사람들이 동조하면서 문제가 더 커지는 거고.

배심원 제도에서도 동조 심리를 엿볼 수 있어. 미국에선 배심원들이 회의를 통해 피고의 유·무죄 여부에 대해 만장일치로 평결을 내리는데,

배심원 제도 : 법률전문가가 아닌 시민(배심원)들이 재판에 참여하여 사실 문제에 관한 평결을 하는 제도.

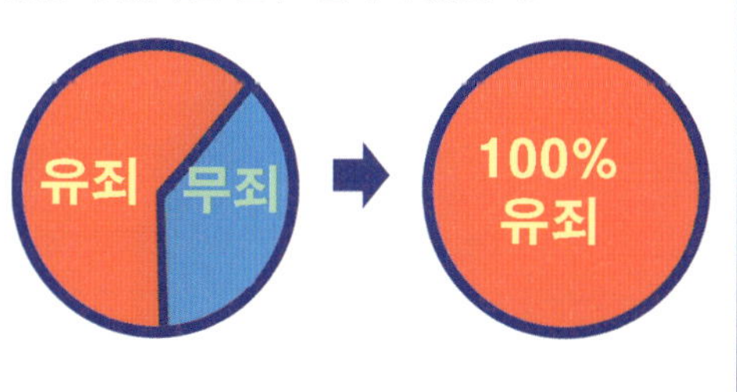

회의 과정에서 2/3가 유죄 의견이면 결국 나중에 만장일치로 유죄 평결을 내리는 경향이 있다는 연구 결과가 있단다.

그만큼 다른 사람들의 영향을 받는다는 거야.

우리나라에서도 2008년부터 배심원 제도가 시행되고 있지.

집단사고(group think) : 응집력이 높은 소규모 의사결정 집단에서 대안의 분석 및 이의 제기를 억제하고 합의를 쉽게 이루려고 하는 심리적 경향.

배심원단은 보통 10명 내외로 구성되는데 왜 한 명이 아니고 여럿일까? 그건 여러 사람이 의견을 합하면 더 지혜로운 결정을 내릴 수 있다고 보기 때문이야.

그렇다면 정말로 다수가 더 현명한 결정을 내릴까? 유감스럽게도 반드시 그렇다고는 볼 수 없어.

왜냐하면 집단은 집단사고라는 함정에 빠지기 쉽거든.

사회심리학자 재니스는 1961년 미국 케네디 대통령 정부의 쿠바 침공 사건을 그 대표적 사례로 꼽는단다.

어빙 재니스(Irving Janis, 1918년~1990년)

존 F. 케네디(John F. Kennedy, 1917년~1963년)

이라크 전쟁을 강행했던 부시 행정부의 결정도 집단사고의 결과라는 지적이 있어.
대량살상 무기 어딨어?
어, 없어요….

집단사고는 왜 생길까? 사람들은 보통 자신의 집단(내집단)에는 너그럽고, 외부집단(외집단)에는 냉정해.
쯧쯧…

또한 외집단을 약하고 어리석은 무리로 깎아내리려는 심리가 있어.
불쌍한 녀석, 밥은 먹고 다니냐?

그러다 보니 내집단에 대한 과신으로 무모한 행동을 하게 되는 거지.
빡!

이렇게 내·외집단을 차별하는 경향은 거의 무의식적으로 나타나는 것이기 때문에

집단 간에 경쟁이 생기고 갈등이 일어나는 것은 어찌 보면 당연한 일인지도 몰라.
경쟁
갈등
분쟁

미국의 사회심리학자 셰리프는 갈등이 생겨 나고 해소되는 과정을 밝혀 내기 위해 미국 오클라호마의 어느 캠프에 소년들을 불러 모아 두 집단으로 나누었어.

무자퍼 셰리프 (Muzafer Sherif, 1960년~1988년) : 집단의 규범이 지각에 영향을 미친다는 사실을 실험을 통해 밝혀 냈다.

이제 연구팀은 다음 단계에 돌입하여,
공동으로 사용하는 수도관을 일부러
파괴하고 트럭도 고장 냈어.

집단에 속한 개인은 이렇듯 소속감을 느끼고 충성심을 발휘하게 돼.

그러나 우연히, 일시적으로 조직된 집단이라 할 수 있는 군중은 좀 달라.

1964년 뉴욕의 거리에서 한 여성이 살해되었는데, 창가에서 이를 지켜본 수십 명 중 누구도 신고를 하지 않았대.
Help me.

누군가 하겠지 하고 생각한 거지. 이런 현상을 '방관자 효과'라고 해.

군중에서는 개인의 신분이 드러나지 않기 때문에 혼자일 때보다 한층 대담한 행동을 하기도 해. 이런 특성 때문에 비난하는 측도 있지만 군중심리가 꼭 나쁜 것은 아냐.

군중의 규모가 클 때 이 효과는 더 두드러져. 책임 소재가 불분명하니 책임감이 희미해지는 거지.
당신이 먼저 신고하지 그랬어.

연대의식이 생긴다면 절도 있게 집단 에너지를 분출할 수도 있으니까 말이야.
독재타도!,
질서…, 질서…,
민주주의를 위하여!
투쟁

이런 사례는 곧 마음이 그만큼 유연하고 유동적인 것임을 보여 주는 증표가 아닐까?

뇌를 알면 지갑이 열린다!

　대형마트에서 하나를 사면 하나를 덤으로 준다는 소위 '1+1' 행사를 자주 볼 수 있어. 실질적으로는 50% 할인 상품을 두 개 구매하는 것과 같지만, 소비자 입장에서는 하나를 공짜로 받는 기분이라 만족감이 더 높지. 그래서 당장 필요하지 않은데도 하나를 더 사게 되는 것이고.

　이처럼 인간의 경제 활동에는 경제학 이론만으로는 설명되지 않는 비합리적인 면이 있어. 바로 이런 인간의 비합리적인 경제활동을 뇌 연구를 통해 해석하고 예측하는 학문이 신경경제학이야. 신경경제학은 경제학과 심리학, 신경과학이 결합된 분야이지.

　신경마케팅(뉴로 마케팅)은 이러한 신경경제학 이론에 의거하여, 광고나 상품에 대한 뇌 반응을 측정해 소비자 심리와 행동을 이해하고 소비 성향을 파악하는 마케팅 기법이야. 소비자의 무의식적인 반응 등의 두뇌활동을 분석하여 마음을 읽는 데 중점을 두는 기법이지. 따라서 기능적 자기공명영상, 양전자방출 단층촬영, 시선 추적, 뇌파 조사, 피부 전도도 반응 조사 등과 같은 최첨단 과학기술이 총동원돼. 자극에 따라 활성화되는 뇌의 부위가 다르기 때문이지.

　신경마케팅은 제품 개발 단계에서부터 제품의 이름이나 디자인 등을 결정짓는 데 반영되기도 해. 얼마 전 국내 승용차 제조업체에서는 신형 모델 출시에 앞서 모델명을 정하기 위해 KAIST의 '바이오 및 뇌공학과'와 함께 내외국인 200명을 대상으로 단어 연상, 시선 추적, fMRI 측정 등으로 뇌 반응을 추적하였어. 그 결과 대상자들의 뇌 반응이 가장 활발하게 일어난 알파벳은 K, T, N, Y, Z 등으로 나타났고, 이 중 가장 높은 지

1+1 행사는 하나를 공짜로 받는 기분이라 고객 만족도가 높다.

지를 얻은 알파벳이 최종적으로 모델명에 반영되었지.

신경마케팅은 광고나 브랜드 전략을 세울 때도 활용돼. 광고는 특히 감성에 호소하는 것이 중요한데, 미리 뇌 반응을 분석해 봄으로써 광고 효과를 극대화할 수 있기 때문이야.

또한 기업들은 브랜드 이미지가 구매 행동에 무의식적으로 큰 영향을 미친다는 점에 주목하고, 브랜드 구축과 관리에 신경마케팅을 활용

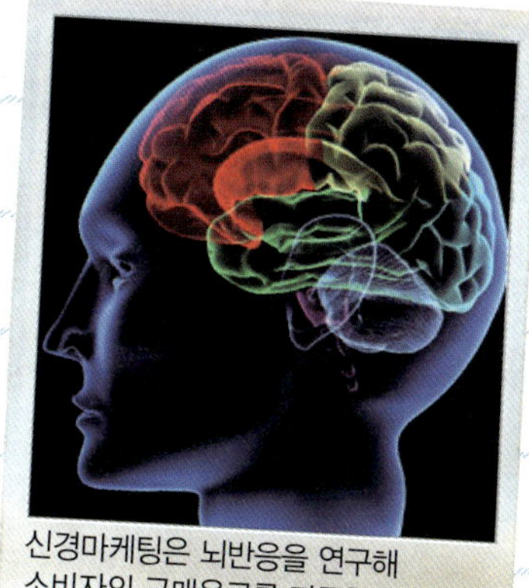

신경마케팅은 뇌반응을 연구해 소비자의 구매욕구를 자극한다.

하고 있어. 이밖에 제품을 진열하거나 가격표의 색상을 결정하는 데도 구매욕을 자극하기 위한 신경마케팅 기법이 쓰이고 있고.

신경마케팅은 현재 다양한 분야에서 활용되고 있으며 다국적 기업들도 이에 대한 투자를 늘리고 있어.

그러나 신경마케팅의 효과에 대한 회의적 시각도 존재해. 뇌 반응을 측정한다 해도 그것은 뇌의 활성화 정도일 뿐 감정이나 사고 내용 자체는 아니기 때문이지. 또한 뇌 반응은 사람마다 다르므로 섣불리 일반화하는 것은 무리라는 지적이야.

인터넷에서 '위키피디아(Wikipedia)'를 검색해 보렴. 온라인 백과사전이란 말과 함께 '집단지성의 상징' 이라는 설명이 나올 거야.

위키피디아는 전 세계 네티즌들이 자발적으로 참여해 만드는 개방형 사전으로 누구나 이 사전에 자유롭게 글을 쓰고 고칠 수 있단다. 백과사전을 아무나 쓸 수 있다니, 놀랍지?

물론 전문성과 정확성을 문제 삼아 비판하는 사람들도 있지만, 영국의 유명 과학 저널 「네이처」는 백과사전의 전통 강자 『브리태니커』 와 비교해도 정확도에서 큰 차이가 없다고 결론 내렸어.

위키피디아는 2001년 1월 31개 항목에서 시작해
2009년에 1천만 개 항목이 넘어서는
대성공을 거두었지만,
이런 양적 팽창보다 더 놀라운 것은,
개인들이 정보를 공유함으로써
개인의 한계를 뛰어넘는 '집단지성'을
창조해 내고 있다는 사실이야.

'집단사고'가 집단 착각에 빠진
개인들이 합리적 판단을 못 내리고
허우적대는 것임에 비해

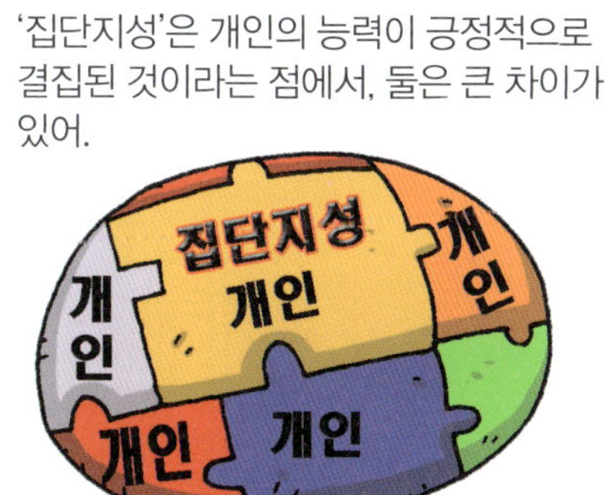

'집단지성'은 개인의 능력이 긍정적으로
결집된 것이라는 점에서, 둘은 큰 차이가
있어.
집단지성
개인
개인
개인
개인

앞서 5장에 등장했던
우생학의 창시자 골턴을
기억하니?
우수
인자

그는
통계 전문가이기도
했어.

골턴 : 영국의 유전학자로
우생학의 창조자이다.

1884년 런던 국제박람회장에서 열린 황소 몸무게
알아맞히기 대회에서 800명의 참가자들 중 정답을
맞힌 사람은 없었지만

골턴이 이들이 적어 낸 몸무게의 평균을 내 봤더니
1200 1196 1195

정답(1198파운드)과 1파운드 차이밖에 나지 않았단다.
정답 1198
119ㄱ

반면에 황소 전문가들은 한참 동떨어진 대답을 내놓았고 말이야.

열등한 사람은 배제하자고 주장해 온 골턴도 순간 '대중'의 힘에 등골이 서늘해졌을 것 같지?
대, 대단하다.

집단지성이란 개념은 사실 곤충이나 조류 등 동물의 세계에서 더 자주 쓰여.

이어령 선생님도 기러기 집단의 슬기로움을 예찬하셨어.

혼자 날 때에 비해 V자 대형으로 무리를 지어서 날 때 71% 더 멀리 나는 기러기 집단 역시 집단지성이 나타난 예라고 할 수 있지.

그 외에 새들이 떼지어 사람을 습격하는 내용의 영화 〈새〉를 만든 히치콕 감독도 새들의 집단지성에서 영화의 힌트를 얻지 않았을까?

1미터가 넘는 거대한 개미집을 하루아침에 뚝딱 만들어 낸다든지,
← 개미집

수천수만 마리가 행렬을 지어 이동하는 등한 몸처럼 행동하는 개미 집단의 놀라운 힘도 널리 알려져 있지.

개개의 지능은 낮아도 고도의 조직력과 지적 능력을 발휘하는 개미들.

이처럼 지성미 철철 넘치는 개미 집단의 역동적인 모습을 보며

혹시 '지성이 대체 무엇일까?'라는 의문이 들었다면 오늘의 주제에 잘 접근한 셈이야.
Good!
PT

사전에는 '지각된 것을 정리하고 통일하여, 새로운 인식을 낳게 하는 정신 작용'이라 나오는데
사전

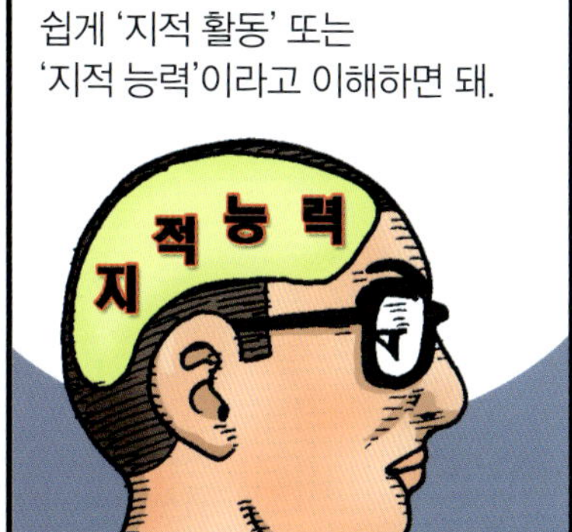

쉽게 '지적 활동' 또는 '지적 능력'이라고 이해하면 돼.
지적능력

혹시 야성미에 승부를 걸기로 작심했다 하더라도 지성미를 완전히 포기하지는 말고,
크헝!

인간의 지성, 그 오묘한 인지 작용에 대해 같이 탐구해 보자고!
지성

그런데 말이야, 일단 뭔가 입력되는 정보가 있어야
정보

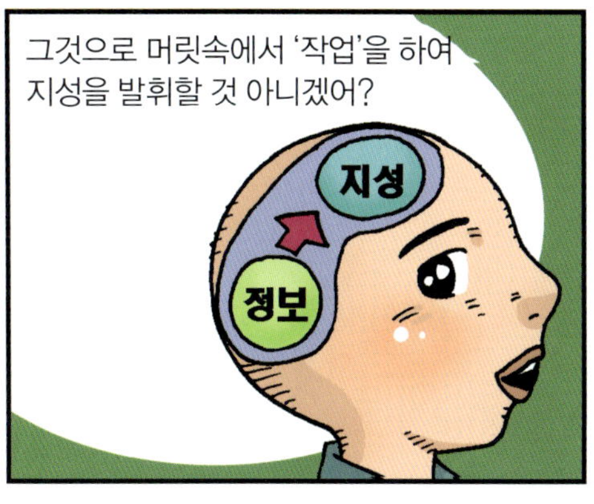

그것으로 머릿속에서 '작업'을 하여 지성을 발휘할 것 아니겠어?
지성
정보

그러기 위해선 지각(知覺)이란 과정이 선행되어야 해.
지각

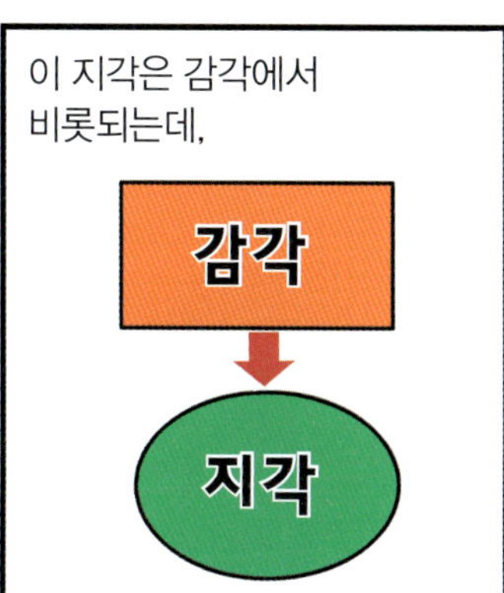

이 지각은 감각에서 비롯되는데,
감각
지각

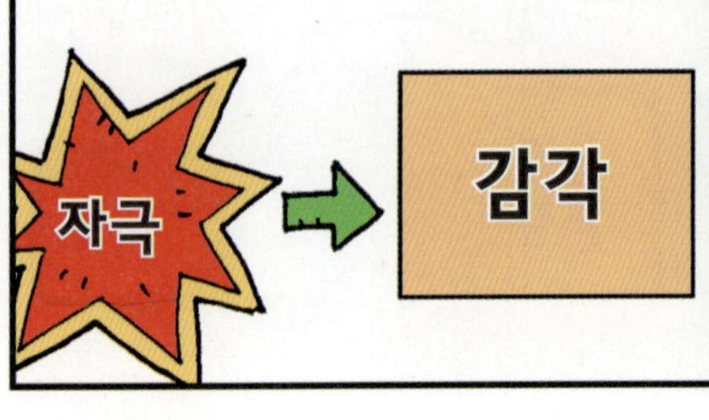

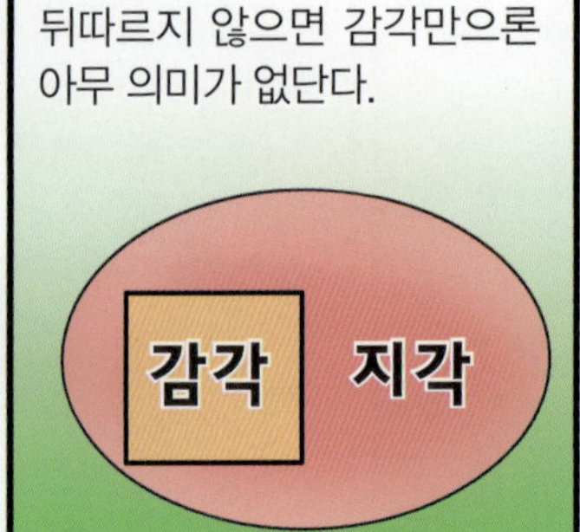

눈앞에 햄버거가 한 개 있다고
하자. 햄버거는 우리의 망막에
시각 정보를 줄 것이고,

이때 뇌에서 햄버거에 대한 경험과
기억을 토대로 정보처리 과정이
일어남으로써,

지금 맺힌 영상이
'햄버거'라는 걸 알게 돼.

그런데 우리가 햄버거를 '지각'할 때, 햄버거를 구성하는
빵과 고기와 양상추, 토마토, 양파 하나하나를 살펴보고
햄버거라고 결론 내리는 게 아니야.
보는 순간, 눈에 광채가
번쩍이면서, 척 아는 거지.

이런 점에 착안했던 학파가
20세기 전반기에
대두되었던 게슈탈트
(Gestalt) 학파야.
'게슈탈트'는 '형태'
라는 뜻의 독일어야.

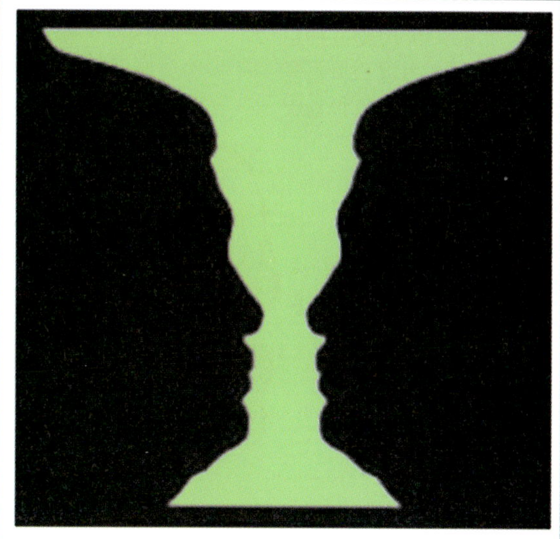

이 그림에서 어떤 모습이 보이니?
이 그림은 게슈탈트 원리를 설명하는
'루빈의 컵'이야. 검은 부분을 중심으로 보면
두 사람이 마주보는 옆 얼굴이고,
하얀 부분을 중심으로 보면 컵이야.
컵으로 보느냐, 얼굴로 보느냐는
사람마다 다르단다.

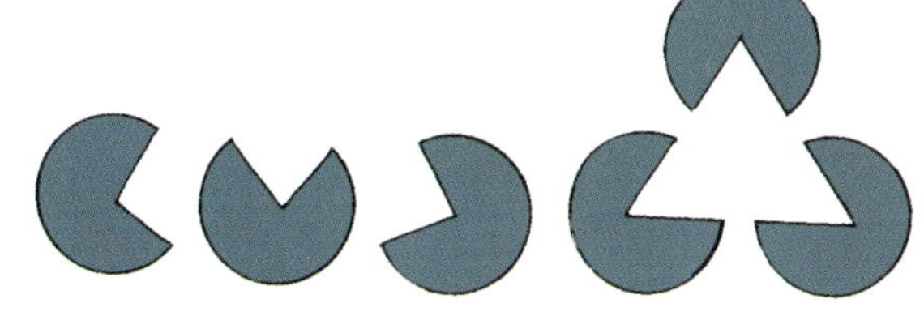

게슈탈트 심리학의 핵심은 '전체는 부분의 합 이상이다'
라는 말로 잘 알 수 있어. 예를 들어 왼쪽의 각각 따로
위치한 그림에서는 보이지 않던 삼각형이 오른쪽
그림에선 보이지.

이 그림에서는 어떤 모습이 보이니?
이 그림에는 고개를 돌린 여성의 모습과
두건을 두른 노파의 모습이 있단다.
흥미롭지?

우리의 오감으로 쏟아져 들어오는
자극의 양은 정말 엄청나게 많아.

다행히 우리의 몸은
덜 중요하고 불필요한
것은 걸러지고
가치 있는 것들만
뇌에서 인식해.

마치 방송에서 중요한 것만
편집되어 화면에 나오는 것처럼
말이야.

지각에도 '선택'과 '집중'의
원리가 적용되는 셈이지.
선 택
지각

고릴라의 상은 망막에 맺혔고 후두엽에도 전달되었을 테지만 놀이에 집중하고 있어서 뇌에서 인식하지 않은 거야. 한마디로 뇌에서 편집된 거지.

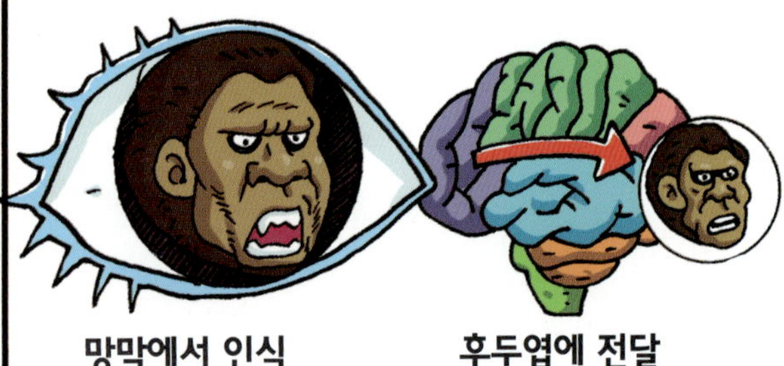

결국 우리는 눈이 아니라 뇌로 사물을 보는 거란다. 이렇게 관심 없는 물체를 뇌에서 인식하지 못하는 현상을 '부주의적 장님(inattentional blindness)'이라고 해.

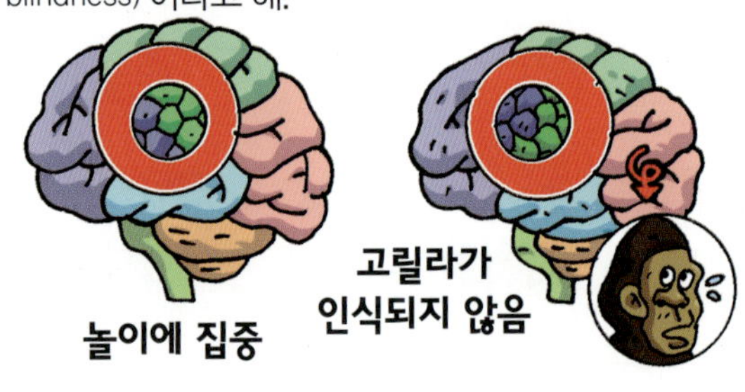

반면에 시끄러운 상황에서도 익숙한 소리나 듣고 싶은 소리는 잘 듣는 '선택적 주의' 현상이란 것도 있어.

다른 말로 '칵테일파티 효과'라고도 하는데, 서양에서는 이런 현상을 칵테일파티에서 자주 경험한다고 해서 그렇게 불러.

시끌벅적한 곳에서도 자신의 이름은 잘 들린다거나 상대방의 이야기에 집중할 수 있는 것도,

자신에게 중요하거나 가치 있는 정보만 선택적으로 골라 듣는 능력이 있기 때문이야.

그런데 인간의 지적 활동은 이런 지각 단계에서 끝나지 않아. 사실 그 다음 단계가 중요하지.

정보를 습득하고, 문제를 해결하고, 계획을 세우는 등 보다 고차원적인 인지 과정이 전개되거든.

말하자면 [감각→지각→인지]의 과정을 거쳐 지적 능력을 발휘하게 되는 건데, 이 과정은 사람마다 다르단다.
감각 → 지각 → 인지

각자의 심리적 · 생리적 · 사회적 환경이 다르기 때문이야.

인지심리학은 이 과정을 하나의 정보처리과정으로 파악하고, 실험을 통해 그 원리를 밝혀내고 있어.

한마디로, 사람의 뇌를 컴퓨터와 비슷하다고 보는 건데, 큰 틀에서 보면 뇌에서 정보를 처리하는 과정이 컴퓨터가 정보를 처리하는 [입력→ 정보처리→출력]의 과정과 유사하다는 거야.

인지심리학은 컴퓨터의 발달과 함께 발전하여 1980년대 이후 현대 심리학의 주류가 되었고,

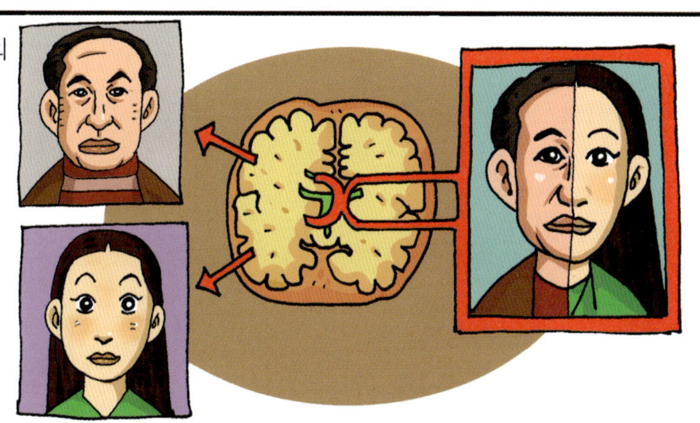

최근에 등장한 '인지과학'이라는 학문의 중심 축 역할을 하고 있어.
인지과학은 여러 학문이 공동으로 인간의 마음과 뇌, 행동, 몸의 관계를 종합적으로 연구해 보자는 취지에서 생겨난 과학이야.

인간의 정신 과정은 오랜 세월 여러 분야에서 연구되어 왔으나,
사실 하나의 학문 체계 안에서 답을 얻기는 어려운 과제니까 말이야.

그런 의미에서 인지과학의 탄생은 학문의 세계에 컨버전스(융합)의 시대가 도래했음을 알린 사건이란다.

한편, 뇌와 컴퓨터가 비슷하다고 생각한 사람들은 심리학자들만이 아니야.

과학자들도 '뇌'라고 하는, 자연산·무공해·초고성능 컴퓨터에 매료되어
멋지다~
PC

그 탁월한 구조를 컴퓨터에 도입하고자 연구해 왔어.

하지만 컴퓨터가 막 등장했을 무렵, 미국의 신경학자 맥컬로치는 이렇게 말했어. "만약 누군가가 인간의 뇌에 존재하는 뉴런 수만큼의 진공관을 탑재한 컴퓨터를 만든다면, 엠파이어스테이트 빌딩만큼의 공간과, 나이아가라 폭포를 움직일 만큼의 전력과, 나이아가라 폭포만큼의 냉각수가 필요하다."

한마디로 거의 불가능하다고 본 거지.
말도 안됩니다!

그러나 '생각하는 기계', '지적인 컴퓨터'라는 매력적인 아이디어는 쉽게 포기할 수 있는 것이 아니어서 꾸준히 연구한 결과,
발냄새 나, 치워!

인공지능(AI : Artificial Intelligence)

산업현장에서 광범위하게 쓰이는 인공지능 제어시스템, 침입 탐지 시스템에 사용되는 인공신경망,
PDA에 쓰이는 필기체 인식 시스템, 인형이나 전동 휠체어 등에 적용되는 음성 인식 기술,
각종 검색 사이트에서 제공되는 자동번역 서비스 등등 인공지능의 응용 분야는 무궁무진해.

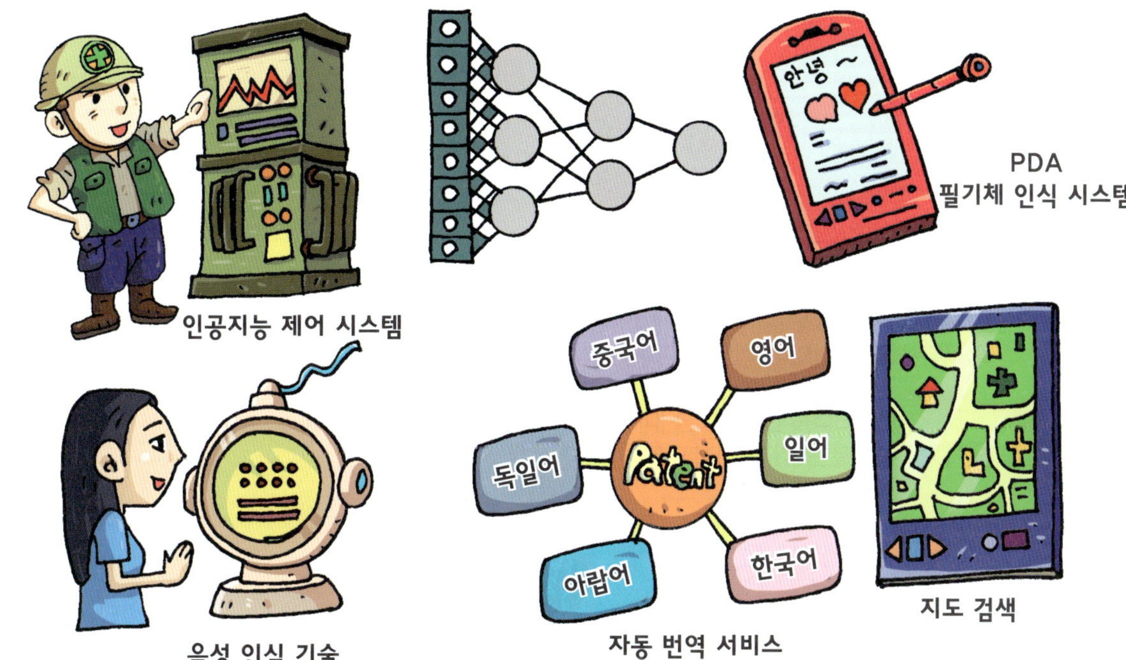

인공지능을 적용한 기술의 최고봉은 아마 로봇이 아닐까.
빌 게이츠는 2007년, PC 산업의 뒤를 잇는 로봇혁명을 예견한 바 있어.
이처럼 로봇산업에 대한 기대가 높아지자 세계는 로봇산업에 막대한 자본을 투자하고 있지.

2007년 로봇 산업의 세계 시장 규모는 81억 달러 수준이었는데, 2020년경엔 5천억 달러로 자동차 시장을 능가하고 2030년경엔 1조 달러에 달할 것으로 예측되고 있어.
1조
81억
5천 억
2007년
2020년
…
2030년
이미 단순한 형태의 로봇들이 다양한 분야에서 널리 쓰이고 있고,
윙··

최첨단 지능형 로봇인, 인간형 로봇(휴머노이드)도 꾸준히 업그레이드되며 선을 보이고 있어.
로봇 선진국인 일본은 1997년 세계 최초로 두 발로 걷는 로봇을 제작하였고, 현재는 집안일을 하는 로봇과 엔터테인먼트 로봇 등도 인기가 있지.
최근엔 7세 아동 수준의 지능을 갖춘 로봇도 개발되었어.

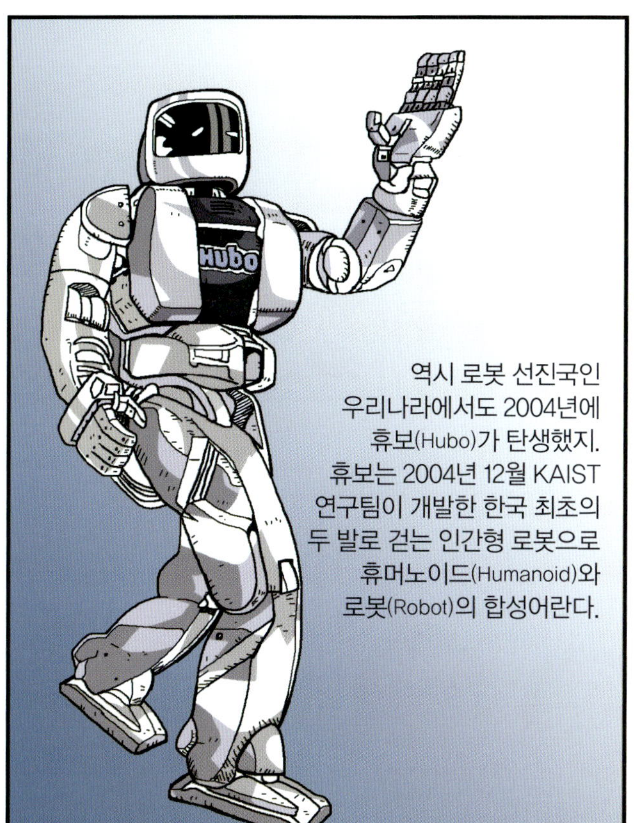

역시 로봇 선진국인 우리나라에서도 2004년에 휴보(Hubo)가 탄생했지. 휴보는 2004년 12월 KAIST 연구팀이 개발한 한국 최초의 두 발로 걷는 인간형 로봇으로 휴머노이드(Humanoid)와 로봇(Robot)의 합성어란다.

로봇의 발전 속도가 정말 놀랍지? 그렇다면 혹시 로봇이 창작 행위를 하는 것도 가능할까?

2001년 개발된 로봇 '아론'은 스스로 이미지를 만들어 그림을 그리는데,

아론의 그림을 과연 예술 작품으로 볼 수 있을 것인가는 논란거리야. 컴퓨터가 그림도 그리는 정도이니, 게임이라면 더 쉽겠지?

게임 중에서도 인간과 컴퓨터의 체스게임이 유명하지. 인간을 대표한 선수는 '살아 있는 체스계의 전설'로 불리던 러시아인 카스파로프(Kasparov) 였어.

그는 1985년 22세의 나이로 최연소 세계 챔피언에 올라 '체스 역사상 최고의 선수'라는 극찬을 받았지.

그는 1989년 체스 컴퓨터 '딥 소트(Deep Thought)'와 맞붙어 여유 있게 승리했어.

패배를 한 카스파로프는 후에, '딥 블루'가 보인
말의 움직임에서 가끔 깊이를 헤아릴 수 없는
지능과 창의성이 엿보였다는 말을 남겼지.

카스파로프는 2003년 뉴욕에서 다시 컴퓨터와
접전을 벌였으나 1승4무1패로 끝나고 말았어.

결국 컴퓨터를 이기지 못한 거야.

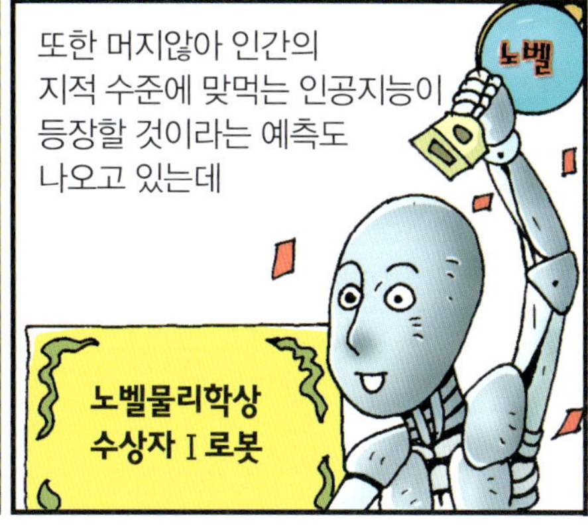

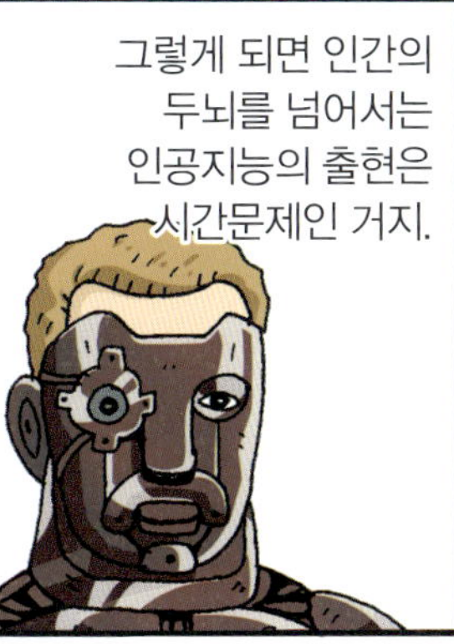

© 1999 Warner Bros.

단순한 SF영화를 넘어서는 걸작이라는 찬사를 받고 있지.
어머, 키애누 리브스 멋지다~
여자들이란…

영화의 무대는 2199년 인공지능 컴퓨터와 인류의 전쟁으로 폐허가 된 지구야.

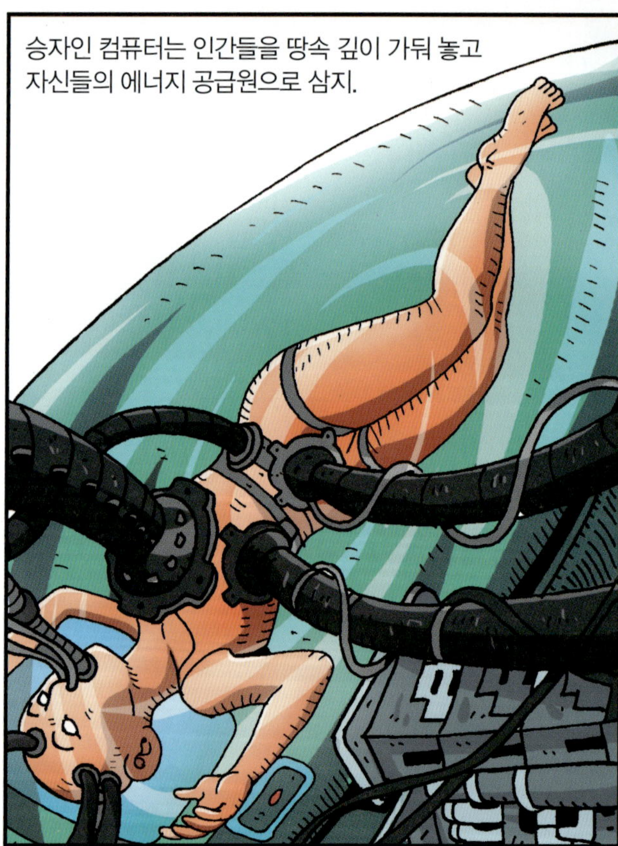

승자인 컴퓨터는 인간들을 땅속 깊이 가둬 놓고 자신들의 에너지 공급원으로 삼지.

그 대신 인간의 뇌에 매트릭스라는 가상현실 프로그램을 입력하여,
TEM FAILURE

인간들이 행복하게 살고 있다고 착각하게 만들어. 가상현실이란, 컴퓨터를 이용해 '진짜' 같은 환경을 만들어 내는 거야.

가상현실은 이미 비행 훈련이나 게임, 영화 감상, 수술 실습 등 다양한 분야에서 쓰이고 있어.

그래서 영화 〈매트릭스〉는 감각으로 인식되는 것들이 과연 '진짜'인가라는
진짜 먹고 있는 건가?

심오한 질문을 던진 한 편의 철학 영화라는 평가도 있단다.

한편 영화 〈이글 아이〉는 미국 국방부 건물 지하에
설치된 슈퍼컴퓨터가 세상을 통제한다는 설정으로

휴대폰과 인터넷은 물론이고 CCTV,
신호등, 현금입출금기,
전광판에 이르기까지

우리가 일상에서 사용하는 전자장치와 시스템이 모두
인간을 감시하는 도구로 이용돼.

주인공이 이 슈퍼컴퓨터와 대결을 펼치는 것이
영화의 내용이야.

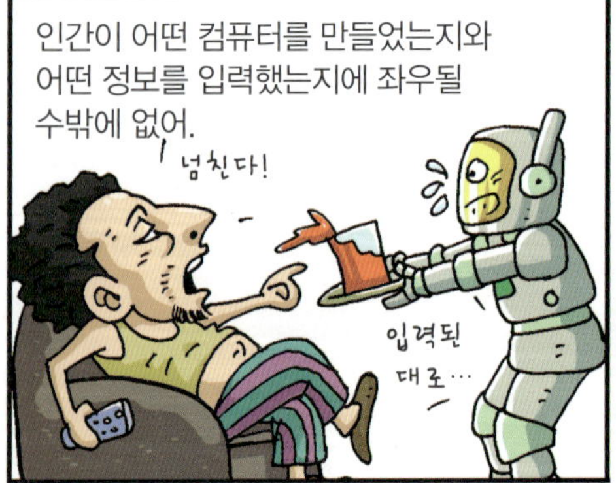

다음 단계에서 실패하고 말았어. 사람이 붐비는 상황에 대한 적응력이 없었던 거지.

로봇에게 벽돌쌓기 과제를 주면 대부분 위에서부터 쌓으려고 하는 바람에 실패하고 말아.

번역을 할 때도 컴퓨터가 속도는 빠르지만 문맥을 파악하는 능력은 확실히 떨어져.

경우의 수가 무궁무진하고 전체 흐름을 읽는 것이 중요한 바둑에서도 인간에 비해 열세이고.

어떤 컴퓨터 과학자는 인간의 마음을 '고깃덩어리로 이루어진 컴퓨터'라고 표현했다는데,

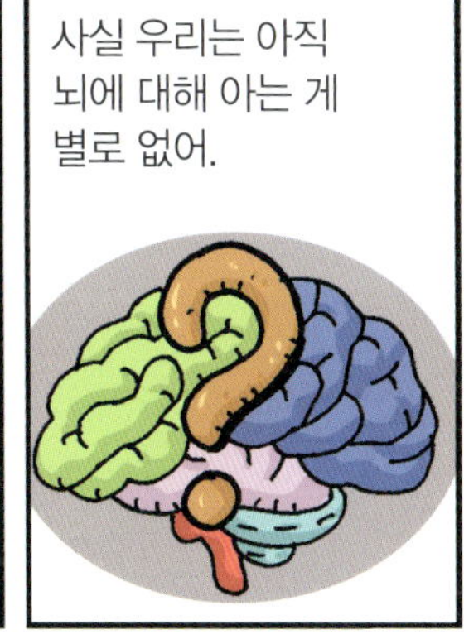

사실 우리는 아직 뇌에 대해 아는 게 별로 없어.

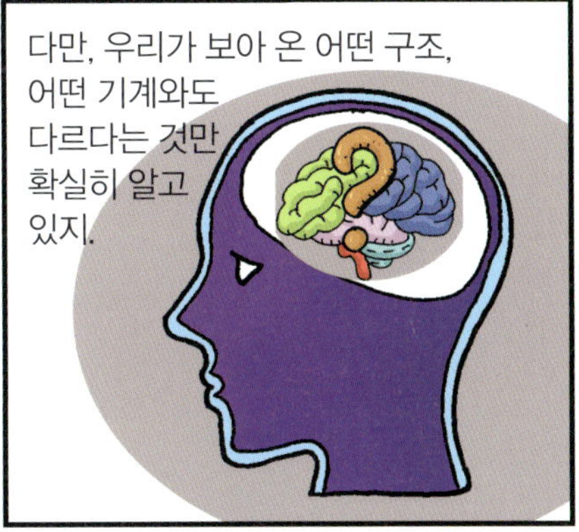

다만, 우리가 보아 온 어떤 구조, 어떤 기계와도 다르다는 것만 확실히 알고 있지.

또한 종합적 사고력이나 창의력, 직관력 등에서 컴퓨터보다 앞선다는 것도 알고 있고.

그래서 이어령 선생님의 말씀처럼 '디지로그'의 마인드가 필요한지도 몰라.

디지로그는 디지털(digital)과 아날로그(analog)가 합쳐진 말로, 디지털 기술에 아날로그의 감성이 접목된 것을 말해.

디지털 + 아날로그

이성과 감성의 조화, 좌뇌와 우뇌의 통합, 기술과 정(情)의 공존, 가상세계와 실제세계의 결합을 추구하자는 메시지가 담겨 있지.

인간도 컴퓨터와의 관계를 지배-피지배 혹은 우-열의 구도로 보지 말고 컴퓨터를 파트너 삼아 디지털과 아날로그가 제대로 융합되는 참 디지로그 세상을 만들어 가는 게 어떨까?

사람보다 똑똑한 인공지능 로봇이 온다!

인공지능(AI) 시스템이 장착된 기계는 인간이 개입하지 않아도 상황을 인지해 자발적이고 지능적으로 임무를 수행하는데 실생활에서 인공지능이 어떻게 활용되는지 알아보자고.

인공지능 감시 카메라는 상황을 스스로 판단하는 카메라로 평소와 다른 미심쩍은 부분을 감지하고 분석하여 상황실에 통보하기 때문에 공공장소에서 발생하는 테러나 절도를 예방하고 용의자를 검거하는 데도 사용돼.

미국에서 개발된 '시스웜(seaswarm)'은 물 위에 떠다니며 기름을 찾아 제거하는 로봇으로 인공지능을 이용하여 기름을 제거하기 위한 최적의 방법도 찾아내지.

자동차 분야에도 인공지능이 적용된 상품들이 많이 개발되고 있어. 각국에서 무인자동차 개발이 한창인 가운데, 이탈리아에서 개발된 무인자동차가 3개월 동안 이탈리아에서 중국까지 13,000㎞를 운행하는 데 성공했어. 감지기와 레이저 판독기가 차선과 장애물 등의 주행 정보를 수집하면 차 내부에 설치된 컴퓨터가 이를 바탕으로 운전을 하는 방식이야. 하지만 아직 주차를 할 때나 통행료 징수소를 통과할 때, 정체 구간을 지날 때 등 몇몇 경우엔 사람의 도움이 있어야 해.

손가락 관절을 이용해 아령을 드는 R2.

우주 분야에서 활약하는 로봇도 있어. 최근 미국에서 개발된 'R2'는 우주정거장에서 우주비행사를 보조하는 역할을 맡았어. 무중력 우주에서 걸을 필요가 없기 때문에 R2는 다리가 없고 대신 손이 무거운 물건도 들 수 있고 우주에서 정교한 작업을 할 수 있게 만들어졌어.

로봇은 사람과의 상호작용이 요구되는 분야에도 등장하고 있어. 일본에서 치매 환자를 위해

개발된 로봇은 사람의 얼굴과 소리를 인식할 수 있어, 약 먹을 시간이나 외출 시간이 되면 이름을 불러 준비하도록 권하고, 상대가 잘 알아듣지 못하면 반복해서 말하기도 해. 앞으로 수년 내에 상용화될 거라고 해.

자폐증 치료에 쓰이는 로봇 밴디트.

미국에서는 '밴디트'라는 로봇이 자폐증 치료에 쓰이고 있어. 카메라와 센서로 상대방의 위치를 파악해 이동할 수 있고, 손동작과 표정으로 감정을 표현할 수 있어. 간단한 게임을 통해 자폐아들의 사회성과 의사소통 능력을 높이는 데 기여하고 있지만 아직은 상대의 말에 스스로 반응할 수 없어서 스스로 복잡한 결정을 내리고 반응하는 능력을 갖추도록 보완하기 위한 연구가 진행되고 있어.

의료 분야에선 높은 정밀도를 자랑하는 '다빈치' 로봇이 유명해. 의료용 로봇 대부분이 아직 의사의 조작을 필요로 하는 단계지만 앞으로는 인공지능을 통해 로봇 스스로 진단 및 수술을 할 수 있을 것으로 전망돼. 한편, 아프가니스탄 전과 이라크 전에서는 4천 대 이상의 로봇병사가 투입되어 폭탄 제거 등의 임무를 수행했어. 현재는 사람이 조종하는 방식이지만, 영화에서처럼 직접 생각하고 판단 내리는 지능형 전투 로봇이 등장할 날이 머지않았어.

9장 마음은 몸으로 말을 한다!

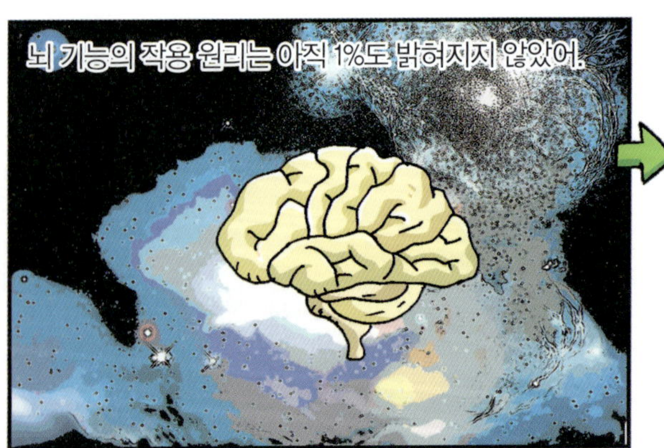

뇌 기능의 작용 원리가 밝혀진다면 아인슈타인의 뇌 활용법도 배울 수 있지 않을까?
그렇게 된다면 인류는 어마어마하게 발전하게 될 거야.

그러나 인공지능의 창시자로 불리는 인지과학자 민스키는 약간 다른 견해를 갖고 있어.

마빈 민스키(Marvin Lee Minsky, 1927년~)

천재와 보통 사람의 차이는 뇌 기능에 있는 게
아니라 자신감에 있다는 거야.
보통사람
천재

뇌세포의 수가 모두 같은 만큼 누구에게나
좋은 아이디어나
획기적인 생각이
있지만

보통 사람은 그 단계에서 그냥 끝나고 말아.
어디 가?

반면, 자신감이 있는 사람은 자기 아이디어를 표현하고
싶어서 머릿속에 떠오른 생각을 현실에서 구체화할 방법을
연구해.
연 구

그러면서 그 아이디어를 계속 다듬어 나가지.
그러다 보면 자연히 성과가 생기게 되고,
완성이닷!
논문

그러면서 자신감이 또 생겨난다는 거야.
와아!

결국 타고난 재능보다 자신을 믿고
끝까지 포기하지 않는
태도가 더 중요하다는
말이야.
성공!
아이디어
철 학
논 문

아프로디테 : 그리스 신화에 나오는 사랑과 미의 여신.

그리스 신화에 나오는 이야기야.
간절히 원하던 것이 기적처럼 이루어진 꿈 같은 이야기.
이처럼 어떤 일에 대해 반드시 이루어질 거라는 기대와 희망을 가지면
실제로 그렇게 되는 것을 '피그말리온 효과'라고 해.
어떻게 그런 일이 가능하냐고?

간절히 바라는 것이 있으면 생각이나 행동이 저절로 그쪽으로 향하기 때문이야.
수학 100점

기대가 있으면 정성과 노력이 뒤따르게 되므로

긍정적인 결과가 나올 수 있는 거지.
100점

요즘에는 그 개념이 더욱 확대되어, 다른 사람이 '나'에게 관심과 기대를 가질 때,
너는 큰 인물이 될 거야!

그 기대에 부응하기 위해 노력하여 좋은 결과를 거두게 되는 현상을 일컫기도 해.
저 친구는 잘 될 줄 알았어.

그 사람이 나와 직접 관련된 사람일수록 그 효과는 더욱 커지지.

심리학자 로젠탈은
1960년대에 이 효과를
교육 현장에서
직접 실험해 보았어.

로버트 로젠탈(Robert Rosental, 1933년~)
독일에서 태어나 미국에서 활동하는 사회심리학자.
1962년부터 하버드 대학에서 학생들을 지도하며
교사-학생, 의사-환자, 상사-부하직원 등의
관계에서 암묵적인 기대가 상대에게 어떤 영향을
미치는지 연구했다.

그는 샌프란시스코의 한 초등학교에서
지능검사를 실시한 후,
잘 풀어
보세요.

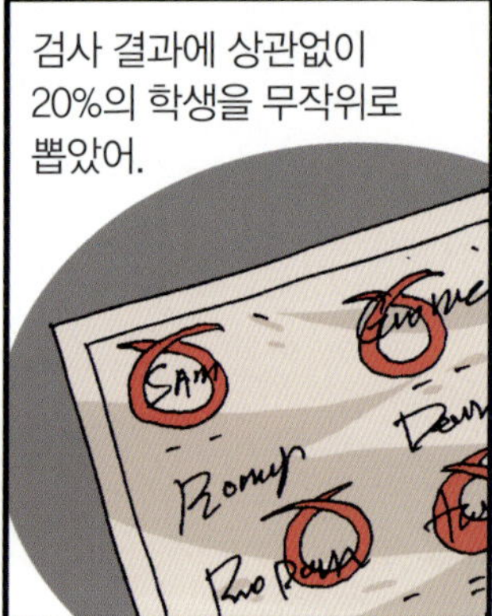

검사 결과에 상관없이
20%의 학생을 무작위로
뽑았어.

그리고 교사들에게 명단을
주면서, 지능지수와 잠재력이
높은 학생들이라고
거짓 정보를 주었지.
훌륭한
아이들
입니다.

그 후 8개월 뒤에 다시 조사해 보니 이 학생들의 성적이
크게 올랐어.

또 이 학생들은 전에 비해
성격도 더 활발해졌고 자신감과
학습 의욕도
높아졌어.
왜일까?

교사들은 이 아이들이 우수한 학생이라고 여겨
은연중에 기대와 믿음을 표현했고,
우리 학교에
인재가 많구나.

학생들 역시 그러한 애정과 격려에 반응해
발전된 모습을 보인 거야.
우리를 믿어
주시는구나.

교사의 긍정적 기대가 학생을 변화시켰으니 '피그말리온 효과'가 증명된 셈이지?

로젠탈의 실험으로 증명된 내용이기 때문에 '로젠탈 효과'라고도 하지.
로젠탈 효과
=
피그말리온 효과

물론 이와 반대로 타인이 부정적 선입견을 갖고 대하면 실제로 부정적인 방향으로 변해 가기도 하지.
씨방
FT

부모나 교사가 아이에 대해 부정적 평가를 내리면 아이도 이를 느끼게 되고
너 커서 거지될 거냐?

결국 어른들이 예측(?)한 대로 행동하게 되거든.
한푼 줍쇼~

말하자면 낙인(stigma)을 찍어 버리는 거지.
미국에서 농장 주인들이 가축의 주인을 표시하기 위해 벌겋게 달궈진 도장을 등에 찍은 것이 낙인인데,
낙인

이 낙인은 한번 찍히면 평생 지워지지 않아.

죄수가 복역을 마치고 사회에 복귀했다가
자유다 ~~

적응하지 못하고
전과자야~ 전과자.

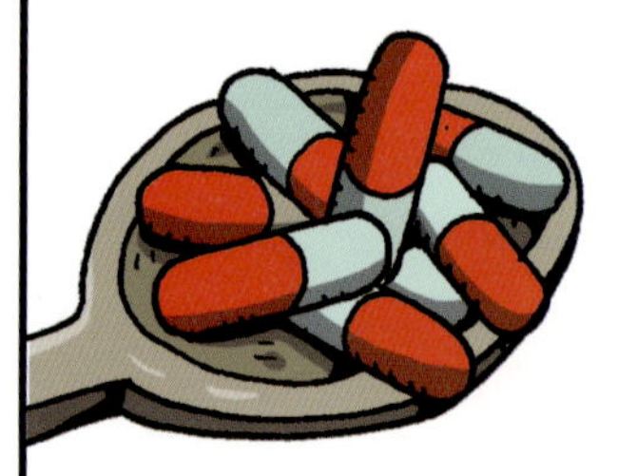

플라세보(placebo) : 실제로는 효과가 없는 가짜 약.

그러고는 수술하는 시늉만 했지.

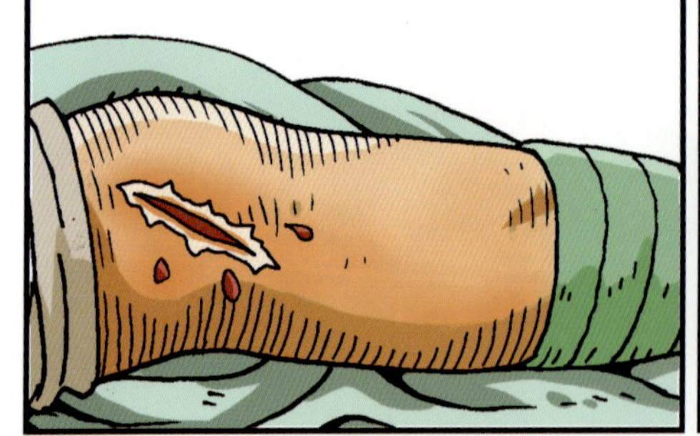

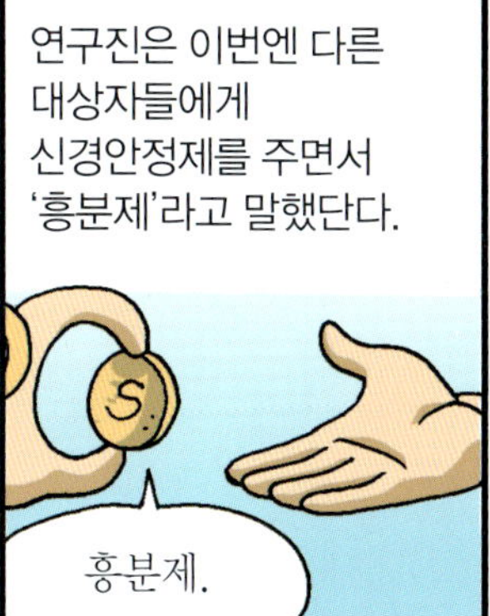

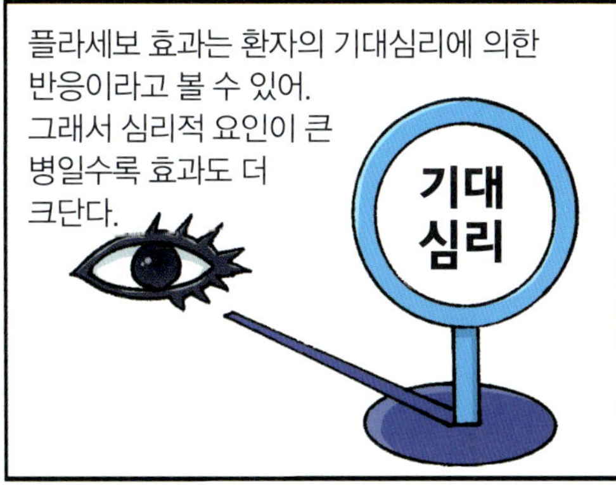

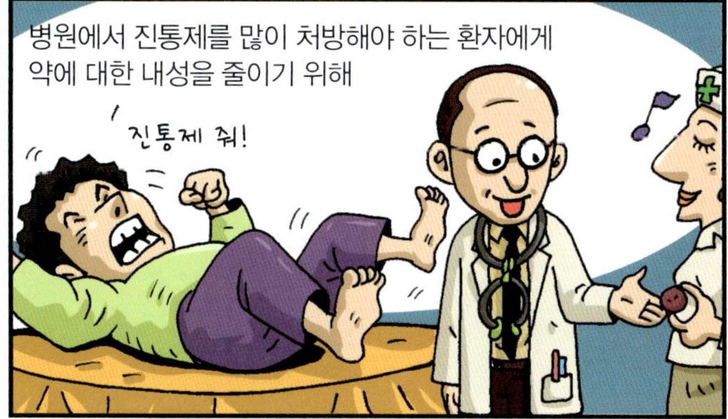

내성(耐性) : 약을 반복적으로 복용함에 따라 약효가 떨어지는 현상.

이것은 노세보(Nocebo) 효과야. 나빠질 것이라는 기대감, 그런 믿음이 그렇게 만드는 거지.
아이고…

노세보 효과는 부정적 결과를 낳는다는 점에서 아주 치명적이야.

냉동차에서 작업하다 문이 닫히는 바람에 차 안에 갇혀 버린 러시아 사람의 이야기를 해 줄게.
냉동

냉동차에 갇혀 '이제 꼼짝없이 죽는구나.'라고 생각한 그는 시시각각 죽음이 다가오는 것을 느끼며 공포에 사로잡혔고,
하이~.

그 심정과 느낌들을 낱낱이 기록으로 남겼어.
덜…
덜…

몸이 차가워진다…. 차츰 얼어붙는 것이 느껴진다…. 이제 정신이 몽롱해진다….

결국 그는 숨진 채 발견되었지.

그런데 알고 보니 차의 온도조절장치가 고장이 나서 실내 온도는 13℃였고 산소도 충분했다고 해. 그런데도 그는 동사하고 만 거야.
내가 바보였구나.
모든 일은 마음먹기 나름!

플라세보 효과나 노세보 효과는 우리가 마음을 어떻게 먹느냐에 따라 몸의 반응이 달라진다는 것,
부정
긍정
즉 마음과 몸이 긴밀히 상호작용하고 있다는 것을 보여 주고 있어.
마음을 잘 다스리자!
그럼 몸과 마음은 대체 어떻게 소통하지? 직통전화라도 있는 걸까?

신경과학자들이 밝혀 낸 바에 따르면
뇌는 면역체계, 내분비계와 서로 밀접하게 연관되어 있어.
마음속에 품고 있는 생각이나 믿음, 욕구 같은 것들이
세포 조직과 신체 기관에 변화를 가져올 수 있다는 얘기야.
신경 속
혈관
호르몬
단백질계
스테로이드계
내분비계 : 호르몬을 생산하고 분비하는 기관의 모임.

플라세보 효과와 노세보 효과를
설명하는 생물학적
근거인 셈이지.

말기 암 환자들
중에는 암을
이기고 기적적으로
살아나는
사람들이
있는데,
암

역시 긍정적인 마음가짐으로
면역력이 높아지는 등 몸에 변화가
생겼다고 볼 수 있어.

데카르트의 '심신이원론' 이후
서양에선 몸과 마음을 별개의 것으로
취급해 왔고,
진리

서양 의학은 그 연장선상에서
질병을 철저히 '몸의 문제'로
파악하고 대처해
왔어.

그러나 병원을 찾는 사람들 중
70% 이상이 스트레스와 관련된
병을 앓고 있다는 사실은
무엇을 의미할까?
70%
스트레스

심신의학 : 몸과 마음을 조화시켜 질병을 치료하고 예방하는 대체의학.

생리적 변화도 나타나. 근육의 긴장이 풀리면서 호흡과
맥박 수가 감소하는데 이것을 이완 작용이라고 해.
명상의 이러한 작용으로 인해 스트레스 호르몬이
감소되고 면역기능이 향상된다는 것이
서구의 학자들에 의해 과학적으로 입증되어.

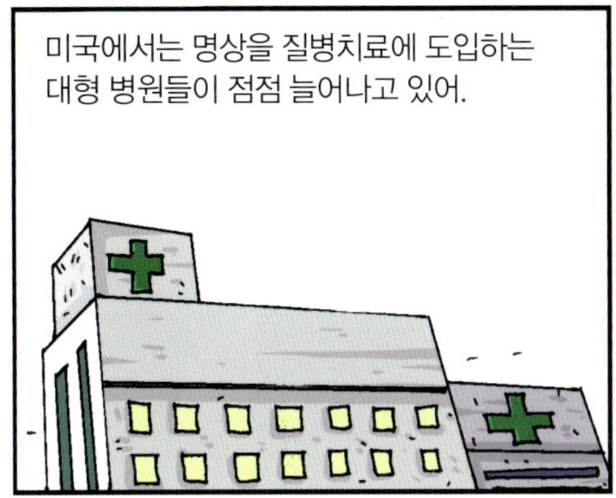

명상은 운동선수들에게도 인기가 많아. 스포츠는
어찌 보면 자기 자신과의 싸움이라, 긴장과 불안을
이기는 훈련이 중요하거든.

선수들은 명상을 통해 불안감을
없애고 집중력을 높이며 마음의 평정을
유지할 수 있게 돼.

'골프 황제' 타이거 우즈도 경기 시작 전에 늘
음악과 명상으로 마음을 가다듬는 걸로
알려져 있지.

티베트 승려들은 명상으로 신체 반응을
조절할 수 있다고도 하니,

인성교육과 집중력 향상을 위해 학교나
교도소에서 명상 프로그램을 운영하기도 해.

중국 정부에 저항해 온 티베트 승려들이 숱한 고문과
탄압, 혹독한 수감생활에도 정신장애를 크게 겪지
않는 것은 평상시의 명상 수행 덕분이라는 분석이야.

그 원리가 아직 과학적으로 규명되지 않았다는 이유로,
우리 마음의 미묘한 힘과 작용을 부정해서는 안 되겠지.

뇌에 대한 연구는 아직 걸음마 수준이고
인간의 의식과 정신현상이 '뇌'로만
다 설명되는 건지도
현재로선 알 수 없어.

하지만 마음의 신비로운 작용을
단련하고 이끌어 내는 데 명상이
도움이 되는 것은 분명해.

명상의 놀라운 효과는 누구든 누릴 수 있단다.

마음을 다스리는
데에는 명상뿐 아니라
기도도 도움이 돼.

최근 뇌 영상기술이 발달해서 알게 되었는데,
기도를 오랫동안 하면 뇌 구조의 일부에
영구적인 변화가 오고,

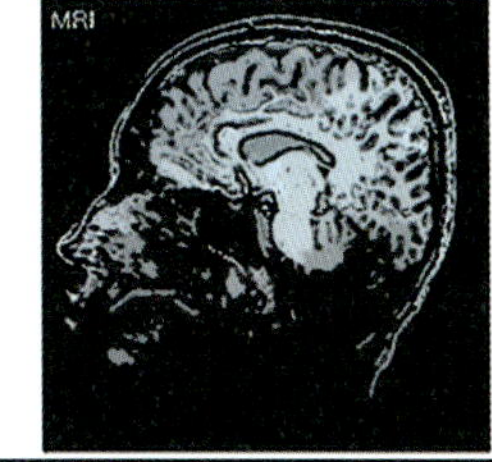

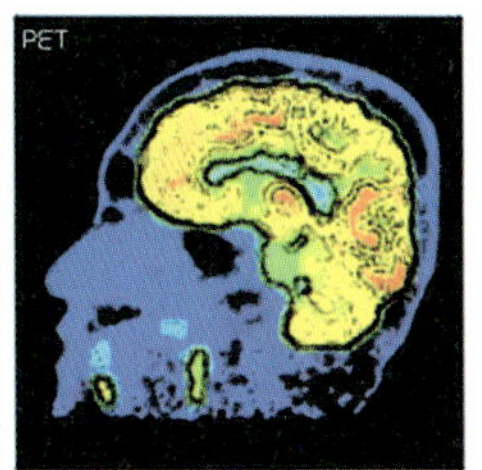

특히 전두엽이 두꺼워져
기억력이 향상된대.

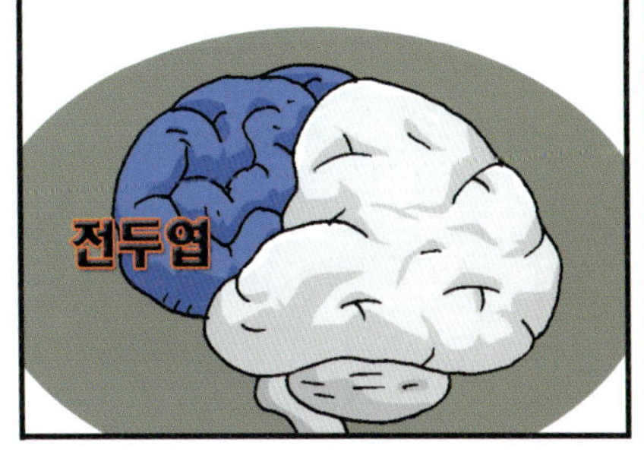

기도의 이완 효과 외에
종교 생활 자체에서 오는
긍정적 효과도 무시할 수
없단다.

종교의 가르침과 교리를 믿음으로써
종교적 신념이 생기고 그에 따라
생활방식에도 변화가 오거든.

종교적 신념 덕분에 긍정적 세계관을
갖게 되기 때문일까?

서로 기도해 주면서 정신적 위안을 주고받기 때문일까?
종교 생활을 하는 사람일수록 더 건강하다는 연구 결과가 있어.

특히 질병으로 고통 받고 있을 때 종교나 기도는 플라세보 효과라는 놀라운 선물을 선사해.

기도의 플라세보 효과란 기도에 반드시 응답이 있을 거라는 기대감이 안정감을 가져오고 이런 믿음이 실제로 치유에 도움이 된다는 거야.
믿음
치유

국민의 90% 이상이 종교가 있는 미국에서 행해진 한 여론조사에서는,

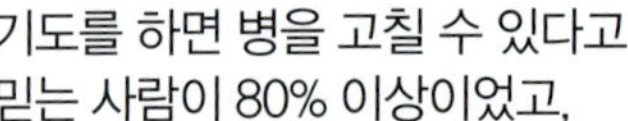

기도를 하면 병을 고칠 수 있다고 믿는 사람이 80% 이상이었고,
80%

환자의 치유에 때로 신이 개입한다고 믿는 이가 70% 이상인 걸로 나타났단다.

실제로 신이 개입하여 병이 낫는지는 확인하기 어렵지만,

신앙생활이 건강에 이롭다는 것은 수술 후 생존율이나 면역력 등의 객관적 수치로 증명되었어.
신앙
믿음
건강

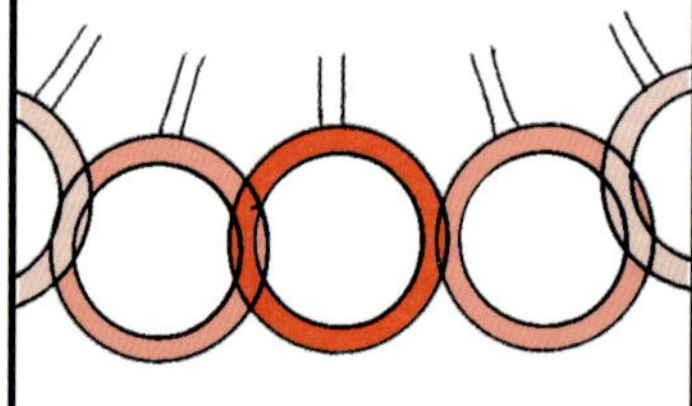

한편 이완 반응은 최면에 의해서도 나타나.
똑딱…똑딱…

최면을 특수한 사람들만 경험하는 신비한 현상으로 알고 있는데 사실 누구나 경험할 수 있는 보편적인 현상이란다.
보편적 현상

암시에 의해, 잠들 때와 비슷한 몽롱한 정신 상태에 빠지는 거야.
레드 썬

최면은 옛날부터 주술이나 제례의식 등에 널리 이용되어 왔어. 통증을 억제하는 데 효과가 있어 수술에도 많이 쓰였지.
아수라 발발타

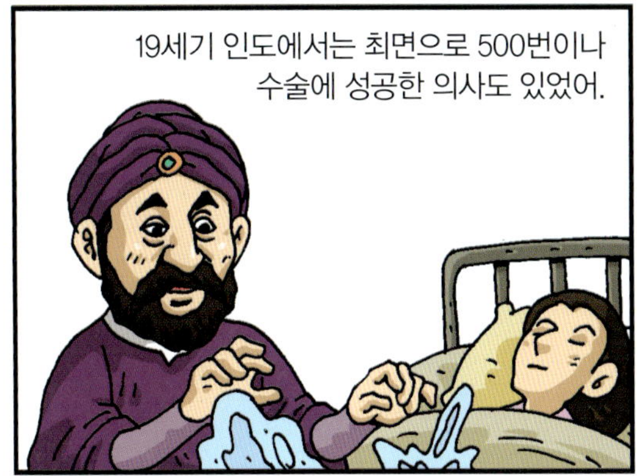

19세기 인도에서는 최면으로 500번이나 수술에 성공한 의사도 있었어.

현대에도 최면을 이용한 수술은 마취에 부작용이 있거나 두려움을 느끼는 환자에게 대안요법으로 사용돼.

최면 수술의 장점은 수술 중에 환자의 심장박동과 혈압이 안정적이라는 것이야.

최면의 장점은 더 있어.
최면 상태에서는 스트레스와 긴장이 사라지고 집중력이 높아져 잠재력이 계발되는 효과가 나타나.

그래서 최면요법은 여러 나라에서 심리 치료, 건강 관리, 교육, 스포츠, 범죄 수사 등에 많이 쓰고 있어.
심리 치료
건강 관리
범죄 수사
교육

최면요법
최면요법은 불안, 대인 공포, 우울증 등은 물론이고 과민성 대장 증후군과 같은 만성 질환이나 심한 통증으로 고통 받는 이들도 최면 치료의 효과를 볼 수 있다.
최근에는 금연이나 다이어트, 학습 능률 향상에도 최면요법이 활용되고 있다.

1950년대에 미국의학협회는 최면을 과학적으로 증명된 치료 수단으로 인정하였고,
인정
세계보건기구(WHO)에서도 최면을 치료법으로 공식 승인했단다.

타이거 우즈는 명상 외에도 최면을 이용한다고 하니, 그가 골프 황제로 군림해 온 비결을 알 것도 같지?

최면이 효과를 거두려면 중요한 전제 조건이 있어.

스스로 긍정적인 암시를 주는 것!
잘 될 거야.

문제를 해결하려는 굳은 의지가 있어야 하고, 결과에 대한 확신이 있어야 해.

플라세보 효과의 경우처럼 말이야.

결국 가장 중요한 것은 마인드 컨트롤인 셈이야.
mind control

2008 베이징 올림픽에서 좋은 성적을 낸 양궁 국가대표팀이 올림픽에 대비해 받은 마인드 컨트롤 훈련은 세계적인 화제였어.

양궁은 집중력과 평정심이 필요한 운동이라 선수들의 정신력이 중요하거든.

한겨울 칼바람에 셔츠 한 장만 입고 맨손으로 활쏘기,

옷 속에 뱀 넣고 활쏘기, 번지점프와 유격 훈련 등 배짱과 담력, 집중력을 키우기 위한 온갖 다양한 방법들이 총동원되었다고 해.

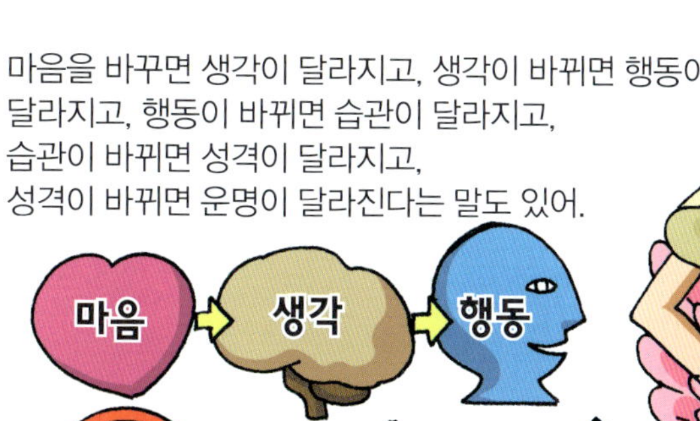

원효(617년~686년) : 평생 불교사상의 융합과 실천에 힘쓴 신라의 승려.

다이어트에도
심리가 숨어 있다!

　적중 체중은 활동하기에 가장 편하고, 적당한 식습관과 운동을 통해 자연스럽게 얻어지는 체중으로 사람마다 다 달라. 사람의 체중은 유전적으로 갖고 태어나는 신체적 특징이기 때문에 사람의 힘으로 조절하는 데는 한계가 있어. 혹시 다이어트를 심하게 해서 자기 몸을 유지할 수 있는 체중 범위를 벗어나게 된다면 신진대사를 정상으로 되돌리기 위한 신체의 자구책으로 살이 다시 찌게 되지.

　이처럼 체중은 마음먹은 대로 안 되는 대표적인 일들 중의 하나라고 할 수 있어. 그럼에도 많은 사람들이 적정 체중 범위에 속하고 충분히 날씬한데도 불구하고 스스로 뚱뚱하다고 여기고 다이어트를 시도하곤 하지. 이들이 끊임없이 다이어트에 몰두하는 심리는 무엇일까?

　일단 현실에 대해 무언가 만족스럽지 못할 때 그 원인을 자신의 외모 탓으로 돌리는 경우가 있어. 외모가 불만족스러운 현실에 영향을 미치는 여러 요인들 중의 하나가 아니라 전적으로 좌우하는 결정적인 요소라고 결론을 내리고 스스로 자책감에 빠지는 것이지. 그렇기 때문에 다이어트로 살을 빼서 지금의 만족스럽지 못한 현실에서 벗어나고 자책감에서도 벗어나고 싶어하는 거야.

　물론 이런 현상에는 뚱뚱한 사람보다 날씬한 사람을 선호하는 사회 분위기가 상당 부분 작용하는 것도 사실이야. 뚱뚱한 사람은 게을러서 자기 관리에 실패한 사람이고, 날씬한 사람은 부지런하고 자기 관리에 철저한 사람이라는 인식이 팽배하다 보니, 그러한 사회적 기준에 맞춰야 한다는 강박관념을 느끼게 되는 것이지. 또한 대중 매체에 등장하는 연예인들은 한결같이 군살 하나 없이 날씬한 모습으로 등장하여 평범한 사람들의 모방심리를 자극하기도 하고.

적정 체중임에도 다이어트를 하려는 심리는 무엇일까?

　　다이어트의 긍정적인 효과도 있어. 다이어트를 시작하여 체중이 줄어들면 스스로 성취감도 느끼고 외모도 변화하기 때문에 타인으로부터 새롭게 인정받는 느낌이 들지. 이러한 보상심리도 다이어트에 집착하게 만드는 하나의 원인이라고 볼 수 있어.

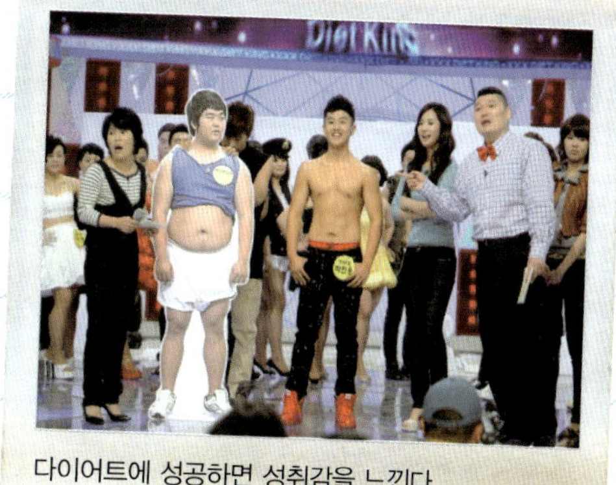
다이어트에 성공하면 성취감을 느낀다.

　　만약 다이어트를 꼭 해야 한다면 혼자 하는 것보다 여럿이 함께 할 때 더 효과적이야. 다이어트라는 것이 심리적·환경적 영향을 크게 받기 때문인데, 여럿이 같이 하면 경쟁 심리 혹은 동질감으로 인해 더 좋은 효과를 얻을 수 있지. 특히 다이어트는 꾸준한 운동과 식이요법이 필수적이므로 서로 비교하고 격려하는 것이 도움이 될 수 있을 거야.

10장 마음을 유혹하는 심리의 비밀을 찾아서!

사회학자 풀(S. pool)은 한 사람이 살면서 만나게 되는 사람이 몇 명인지 조사했어.
?

100일간의 조사 결과로 추산해 보니 한 사람이 평생 만나게 되는 사람은 약 3,500명 이라는군.
3천 5백 명
일 생

그럼 단순히 만나는 것이 아닌 지속적으로 관계를 유지하는 사람은 몇 명쯤일까?

미국의 자동차 판매 왕 지라드는 250명이라고 답했어.
HARPER AUDIO
JOE GIRARD
CAN'T LOSE SALES TIPS FROM THE WORLD'S GREATEST SALESMAN

그는 고객들의 결혼식이나 장례식 등 이런저런 행사나 모임에 갈 때마다

참석자의 인원이 250명 정도 된다는 사실을 발견했어.
1, 2, 3 … 250

곧 평범한 사람들의 인간관계 범위는 평균 250명이라는 것이지.
250명

그는 이를 세일즈 전략에 활용하기로 하고, 일명 '지라드 250명 법칙'을 만들었어.
지라드 250명 법칙

고객 한 명을 늘리는 것은 곧 잠재 고객 250명을 확보하는 것과 같다는 거지.
고객 1명
250명

어쩌면 우리의 인생은 우리가 만나고 스치는 이 3,500명 혹은 250명이 어떤 사람들이냐에 달려 있다고도 볼 수 있어.
3,500명
주변인물
?

어떤 사람들과 어떻게 관계를 맺느냐에 따라 생각과 행동이 달라지고, 삶도 달라지기 때문이야.
돈
지성
이성
우정

'지금의 당신과 내년의 당신의 차이는, 당신이 만나는 사람들과 읽는 책에 달려 있다'는 말도 있단다.
한 건?

그러나 그 어떤 일보다 마음먹은 대로는 되지 않는 게 바로 인간관계 아닐까?

한번쯤은 친구와의 사소한 오해나 다툼 때문에 고민해 본 적이 있을 거야.
짝사랑으로 남몰래 가슴앓이를 해 봤을지도 모르고, 자신의 언행이 남들 눈에 어떻게 보였을까 걱정돼 혼자 끙끙댄 적도 있었을걸?
우정

사회 생활하는 성인들도 마찬가지야.
직장인들 다수는 업무보다 인간관계 때문에
더 많은 스트레스를 받는다는 조사 결과도 있어.
스트레스

그럼 경영자들은 직원들의 이런 고충을 알고 있을까?
물론 알고 있어.
수고가 많네.

기업은 임금이나 복리후생 못지 않게 직원들의
심리적 요인이 업무를 좌우한다는 사실에 주목하고,
프로그램
소통
업무

직원들 간의 의사소통을 돕고
소속감을 높여 주는 프로그램들을
운영하고 있지.
안정
소통

그 시작이 바로 1920년대
미국에서 행해진
'호손 연구'란다.

1924년 전화기 제조회사인
웨스턴 일렉트릭 사의
호손 공장에서는
호손

작업장의 조명이 생산성과
관계 있는지 알아보기 위한 실험이
실시되었어.

연구팀이 조명을 밝게 바꾸자
생산성이 높아졌지.
생산
증가

그런데 생산성을 높이는 다른
요인이 드러났어. 연구팀이
직원들을 관찰하고 있다는 사실이
흠…

그러나 연구팀을 당혹케 하는 결과도 동시에 나타났어. 근로 여건을 원상 회복했을 때도, 높아진 생산성이 그대로 유지되었던 거야.

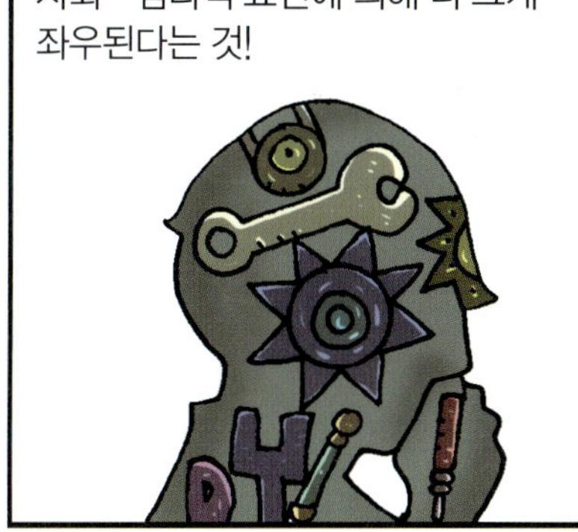

회사의 공식적인 조직만큼이나 영향력이 크다는 사실이었어.

관점을 확 바꾸어 근로자의 심리와 인간관계에 초점을 맞췄으니 말이야. 호손 연구는 경영에 심리학이 도입되는 계기가 되었고, 그 결과 산업심리학이라는 분야가 탄생하게 되었지.

그런 의미에서 동화 '어린 왕자'로 유명한
프랑스의 소설가 생텍쥐페리의
'인간은 상호관계로 묶어지는 매듭이요,
거미줄이요, 그물망'이라는 말이
절절하게 마음에 와 닿는군.

이러한 타인과의 거리는 상대방과의 심리적 거리와 밀접하게 관련 있어서, 친할수록 가까운데,

그래서 모르는 사람이 가까이 얼굴을 '들이대며' 이야기를 건네면 불쾌해지고 경계심이 드는 거야.

이 거리는 문화와 민족성에 따라서도 다르고,
문
화
민족

개인차도 커서, 활발하고 사교적인 사람일수록 거리가 좁아.
어머, 어머―
몰라, 얘~

그럼, 어느 정도가 '적당한 거리'인 걸까? 사실 정답은 없어.

그렇다고 가까우면 짜증내고 멀어지면 외로워하는, 인간의 변덕만을 탓하고 있을 수는 없는 노릇이야.
가까이 하기에 너무 먼 당신~

이럴 때는 동물들의 세계에서 힌트를 얻어 보면 어떨까?

'호저 공간'이라는 말이 있어. 호저는 고슴도치처럼 온몸에 가시가 돋은 야생동물이야.

겨울에 몸을 덥히려고 다가가면 서로의 가시에 찔리고
아얏
아얏

혼자 있으면 춥고 외롭다는 것을 아는 호저들은,
흑, 추워~.

가시와 추위 문제를 한 번에 해결할 수 있는 적당한 거리, 이상적인 거리를 만들어 낸단다.
호저 공간

이 호저 공간의 원리는 우리의 고유 문화에서도 찾아볼 수 있어.

이어령 선생님은, 집안에 잔치가 있을 때면 떡을 해서 집집마다 돌리는 우리의 '떡 돌림' 문화 속에,
'함께 그러나 따로'의 지혜가 내포되어 있다고 보고, 이를 호저 공간의 원리에 비유하셨지.

집집마다 떡을 돌려 나눠 먹는 것은
문 닫아 걸고 자기네들만 먹는 것도
아니면서

또한 함께 모여 먹는 것도 아니니 '함께'이면서 또 '따로'인 셈이야.

이렇게 두 가지 모순이 공존하며 제3의 원리를
창조해 내는 이 '떡 돌림' 문화야말로 곧
컨버전스 정신을 보여 주는 모범 사례겠지?

하지만 살다 보면 이 호저 공간, 즉 적당한 거리를
지키기 어려울 때도 있어.

엘리베이터 안에서 사람들이 서로의 시선을 피하는 건
친하지 않는 사람끼리 붙어 있어 불편하기 때문이야.
이 상황에서 시선까지 부딪친다면 더욱 피곤해지므로
각자 딴 곳을 쳐다보면서 긴장을 낮추는 거지.

눈은 감정이나 기분이 가장 쉽게 드러나는 곳으로 눈 맞춤의 평균 시간은 한 번에 약 2초.

만일 7초 이상 계속되면 상대방은 불편함을 느끼게 돼.
어머머, 부끄…

동물의 세계에서는 공격의 신호로 해석해서 당장 육탄전이 벌어질 수도 있어.
한 판 붙자 이거지?

물론 사람도 '눈싸움'을 하며 기선을 제압하기도 하지만 말이야.
파지직!
질 수 없다!

그러나 사람의 눈길에 담긴 의미 중 대표적인 것은 상대에게 관심이 있다는 신호야.
자기 오해했구나.
우왝!

하지만 중동이나 남미, 또는 프랑스나 이탈리아 사람들이

뚫어져라 쳐다보는 것을 호감의 표시로 착각하면 곤란해. 눈을 마주보며 대화하는 것이 그쪽 문화권의 관습이거든.
오~ 맑은 영혼.

반면 유교 전통이 강한 동양권에선, 특히 손윗사람을 정면으로 바라보는 것은 '도전'과 '반항'의 의미로 여겨지니 시선처리를 잘해야 해.
이놈이 어딜 감히 똑바로 쳐다봐?
움찔

하지만 대부분의 나라에서 시선 접촉은 곧 관심의 표시로 해석되곤 하지.

그러니 상대에게 그윽한 눈길을 보내는 것만으로도 마음을 전달할 수 있다는 소리야.

게다가 자주 만날 수만 있다면 금상첨화. 무엇이든 자꾸 접하면 친숙한 느낌이 생기거든.
선배~

가수의 신곡도 처음에는 귀에 낯설지만 자꾸 듣다 보면 익숙해지면서 좋아지잖아.

사람도 마찬가지란다. 접촉 기회가 많을수록 친해지기 쉬워.

이를 '단순접촉효과'라고 해. 눈에서 멀어지면 마음에서도 멀어진다고 하잖아.
첫사랑 얼굴이 떠오르지 않아.

그러나 이건 어디까지나 처음에 호의가 있었을 때의 경우이고,

애초에 불쾌감을 느낀 경우라면 정반대의 결과가 나타나. 만날수록 호감도가 떨어지지.
베시시~
웃지 마.

그러니 처음 만났을 때 최소한 나쁜 인상을 남기지 않도록 하는 게 중요해.
38번 조예찬 입니다!

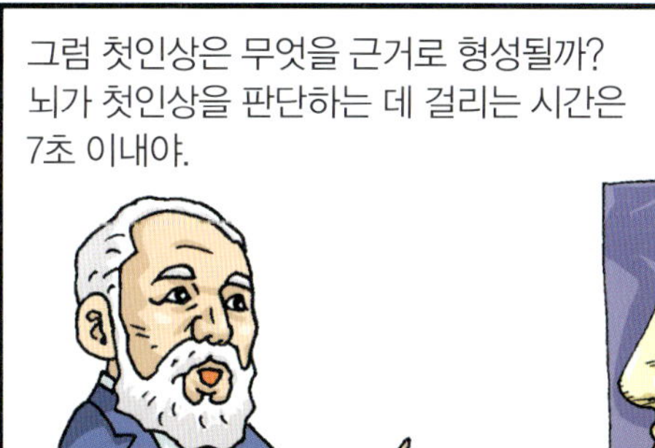

첫인상이 '최악'만 아니면 자꾸 만나다 보면 평가가 달라지게끔 되어 있거든.
인상과 달리 능력 있네.
매출 상승!

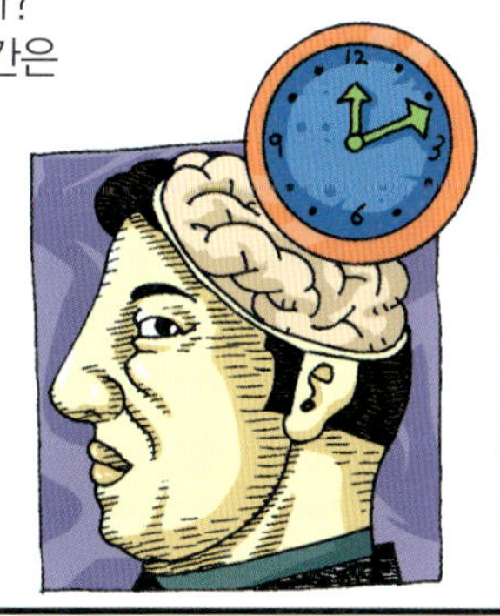

그럼 첫인상은 무엇을 근거로 형성될까? 뇌가 첫인상을 판단하는 데 걸리는 시간은 7초 이내야.

첫 대면에서는 겉모습이 중시되는데, 외모에 대한 호감이 인상에 큰 영향을 미치는 걸로 나타나거든.
신입 사원

확실히 첫인상이 좋으면 나중에 상반되는 면을 목격하더라도 너그럽게 보아 넘기고 좋게 해석하기 마련인데,
예뻐서 봐 준다.

이는 뒤집어 이야기하면, 한번 인상이 형성되면 그것이 선입견으로 작용하여
한미모 입니다.

상대의 실체를 파악하는 데
지장을 줄 수 있다는 얘기도 돼.
네가 한 것 맞아?!
최우수 실적

이렇게 처음에 들어온 정보가
나중에 들어온 정보보다 더 큰
영향력을 갖는 것을
'초두(初頭) 효과'라고 한단다.
초두

그러므로
대인관계에서만이
아니라
어떤
상황에서든,

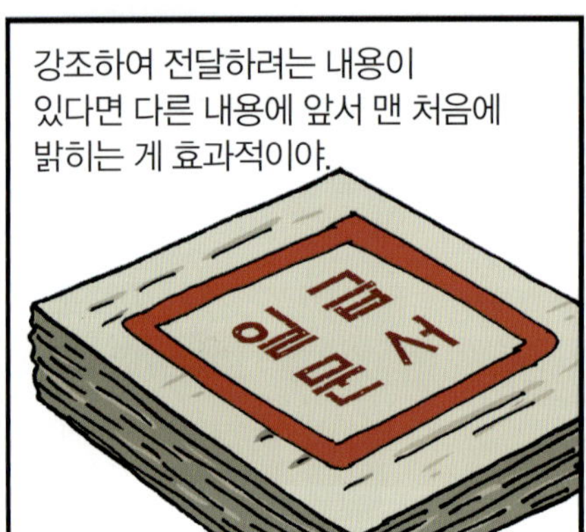

강조하여 전달하려는 내용이
있다면 다른 내용에 앞서 맨 처음에
밝히는 게 효과적이야.
가스 얼맘

이렇게 강력한 첫인상은, 상대방에 대해 전반적인 평가를
내리게 하는 원인이 되기도 하는데,
과연 그것이 바람직한 걸까?

한 가지가 좋으면 다른 것도 다 좋을 거라고 보는 건
지나친 확대 해석이 아닐까? 그러나 우리는 이런
'후광 효과'에 좌우될 때가 많아.
청순 가련
마음
사치
위선

외모가 좋으면 그 사람의 성격이나 능력도
좋을 것이고 포장이 좋으면 품질도 좋을 거라고
여긴다는 것이지.
어머, 엄친아!

광고에서 인기가 많고 이미지가 좋은
연예인을 모델로 쓰는 것도 이런 심리를
이용하는 거야.

후광 효과는 말 그대로
후광에 의존하는 것이니

그 빛에 눈이 멀지 않도록
정신을 바짝 차려야 잘못된
판단을 줄일 수 있단다.

초두 효과든 후광 효과든 그 사람이 좋다는 것은 마음에 드는 무언가가 있기 때문이야.
그럼 우리는 자신과 비슷한 사람에게 끌릴까? 아니면 다른 사람에게 끌릴까?

어느 대학교 기숙사 학생들을 조사해 보았더니, 처음에는 방이 가까운 학생들끼리 친하게 지내지만,

시간이 갈수록 점점 취향이나 사고방식이 비슷한 학생들끼리 어울리는 것으로 나타났단다.
심리 모임

학교에서도 학년 초에는 주로 자리가 가까운 아이들과 이야기를 주고받지만

차츰 마음 맞는 아이들을 발견하면서 친구 관계가 재구성되잖아.
나도 좋아해.
게임

한마디로 자신과 비슷한 사람, 말이 통하고 생각이 통하는 사람과 가까워진다고 보면 돼.
이겼다.
멋지다.

이때 중요한 것은 성격이 비슷한 것보다는 가치관이나 취향이 비슷해야 한다는 거야.
가치관

유사성은 남녀 관계에서도 중요한 요소야.

서로 첫인상에 호감을 느껴 몇 번 만났는데 사고방식이나 취미까지 비슷하다면 '커플'이 되는 건 시간문제.

관계가 발전함에 따라 서로 자신의 고민과 비밀을 털어놓게되고, 둘의 연애감정은 더 깊어지게 돼.

이때 부모나 주변 사람들이 둘 사이를 탐탁지 않게 여기고 헤어지라고 하면 어떻게 될까?
반
대
LOVE

알겠습니다 하고 바로 헤어질까? 그렇지 않아. 이들은 마치 셰익스피어의 명작 〈로미오와 줄리엣〉의 주인공들처럼 사랑을 지키기 위해 결사항전의 태세를 갖추게 되는데 연인들은 장애물로 인해 사랑에 더 깊이 빠지지. 이를 이른바 '로미오와 줄리엣 효과'라고 해.

이들은 자신들의 선택의 자유를 확인하기 위해 반발하고 저항하는 거거든.
우리 서로 사랑하게 해 주세요~!

흥미로운 건, 주변의 반대가 사라지면 열정도 가라앉는다는 사실.
멀뚱…
서먹 서먹
무관심
LO ve

이성교제 혹은 연애는, 자신을 성찰할 수 있고

타인에게 공감하는 능력을 기르며 대인관계의 기술을 익힐 수 있는 좋은 경험이야.

평생을 함께 할 짝을 찾을 수도 있고 말이야.

존 보울비(John Bowlby, 1907년~1990년)

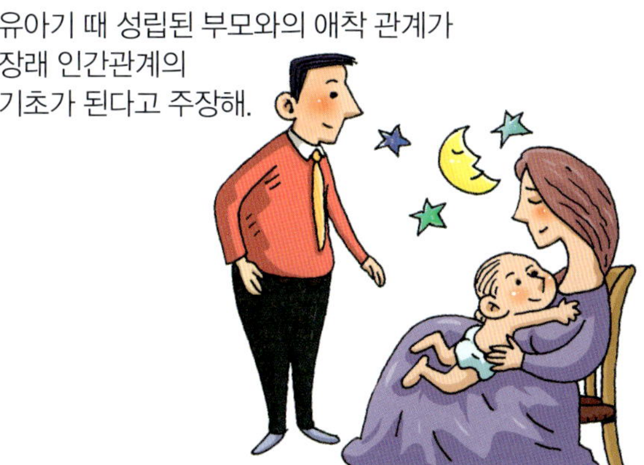

미국의 심리학자 할로우는 새끼 원숭이에게 우유병이 달린 철사 어미와 우유병이 없는 헝겊 어미,
이렇게 두 종류의 어미 모형을 주고 반응을 연구했어.
새끼는 배고플 때만 철사 어미를 찾고, 줄곧 부드러운 헝겊 어미에 매달려 지냈어.
무서움을 느꼈거나 깜짝 놀랐을 때도 헝겊 어미에 꼭 붙어 있었지.

실험 중인
해리 할로우의
모습

해리 할로우
(Harry Harlow,
1905년~1981년)

사람은 더 말할 것도 없어.
1986년 미국 마이애미 의대
피부접촉연구센터의 연구진은
연구센터

미숙아를 두 그룹으로 나눠,

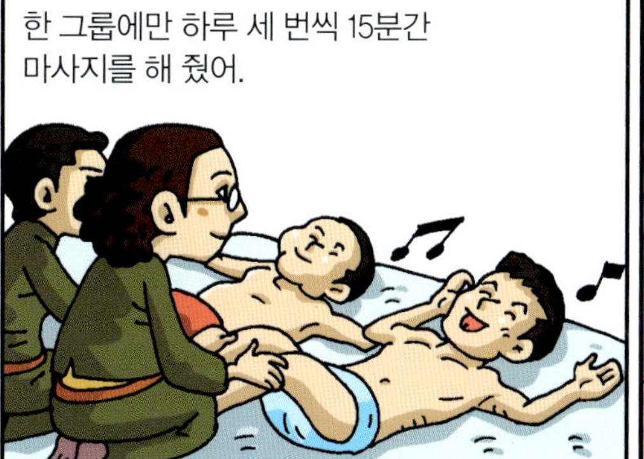

한 그룹에만 하루 세 번씩 15분간
마사지를 해 줬어.

곧 놀라운 결과가 나타났는데 똑같은 양을 먹는데도
마사지를 받은 아기들은

다른 그룹에 비해 하루에 47% 이상 체중이
증가했고 퇴원도 6일이나 빨랐단다.

이렇게 스킨십은 성장에
중요한 요인이야.

또 다른 예를 들어 볼까?
1930년대에 심리학자
스피츠는

자연환경도
좋은데
뭐가 문제일까?
북유럽 고아원의 아이들이 청결하고
풍족한 환경임에도 불구하고
발육 상태가 좋지 않고 사망률도 높다는
사실을 발견했어.

반면 멕시코 빈민촌의 고아원 아이들은 시설이나 영양상태가 열악한데도 무럭무럭 잘 크지 뭐야?

스피츠는 멕시코의 고아원에는 이웃 여자들이 매일 와서 아이들을 안아 주고 눈을 맞춰 준다는 사실을 알게 됐지.

피부접촉을 자주 하고 신체적 애정 표현을 많이 하는 사회일수록 폭력이 덜 발생한다는 것이 통계로 밝혀지기도 했어.

거리에서 행인들을 안아 주는 프리 허그(Free Hugs) 캠페인을 들어 봤니?
포옹을 하면 심신의 긴장이 풀리고 고독감이 사라져, 백 마디 말보다 따뜻한 위로가 된다고 해.
FREE HUGS

하지만 우리나라는 피부접촉을 장려하는 전통이 없었기에 포옹은 가족 간에도 아직 어색하게 느껴질 거야.
아버님
흐음~

혹시 하게 된다면 엉거주춤한 자세가 나오기 십상이지.
어색
어색

그렇다고 외면하기엔 '접촉'의 마력이 무척 크지 않니? 오늘부터 시도해 보는 건 어떨까?

젓가락 문화 이론

우리가 젓가락을 쓰게 된 것은 우리의 모든 음식이 한입에 들어갈 수 있도록 차려져 있기 때문이다. 언제든 젓가락 하나만 더 놓으면 갑작스레 찾아온 손님도 함께 먹을 수 있는 상호의존성과 관계를 중시하는 배려의 상차림에서 젓가락 문화가 나온 것이다.

—『디지로그』 중에서

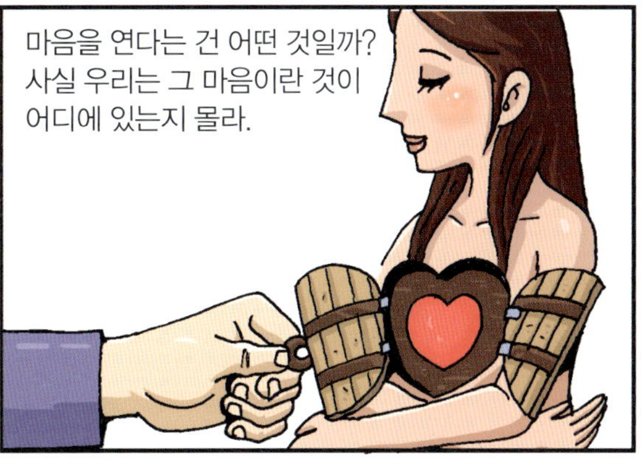

왜 나는 이성 친구에게 호감을 얻기 어려울까?

얼마 전 중국에서 초등학교 5학년 남학생이 자신의 일기장을 훔쳐본 부모를 고소한 일이 있었어. 아들의 학교 성적이 떨어지고 수업시간에 산만해졌다는 말을 전해들은 부모님이 아들이 자물쇠로 잠가 놓은 일기장을 꺼내 보고는 이성교제를 하고 있다는 사실을 알게 된 거야. 이에 아들은 '사생활을 침해당했다'며 부모님을 고소했는데, 부모님이 아들에게 사과함으로써 사건은 일단락되었지.

이렇게 이성교제는 자칫 성적과 집중력을 떨어뜨리기도 하지만 이성에게 관심이 생기는 것은 지극히 자연스러운 현상이야. 우리는 수많은 이성 중에서 어떤 이성과 친해지는 것일까?

이성에게 호감이 생겨나는 일차적 요인은 '가까이 있는 것', 곧 근접성이야. 가까울수록 자주 접하게 되고, 자주 접할수록 익숙해지고 친해지는 거지. 그만큼 상호작용의 기회가 많아져 더 쉽게 매력을 느끼기 때문이야. 직장에 다니는 어른들의 경우에도 71%가 함께 근무하는 이성 동료에게 호감을 느낀 적이 있어.

또한 사람들은 자신과 성격, 가치관, 교육수준, 취미 등이 유사한 사람을 좋아하는 경향이 있어. 자신과 비슷한 사람이 있다는 사실 자체가 자기 존재에 대한 정당화가 되기 때문이지. 그러나 이성 간에 매력과 호감을 느끼게 되는 과정은 이러한 유사성의 원리만으로 설명되는 것은 아니야. 사람들은 자신과 전혀 다른 이에게도 매력을 느끼기 때문이지.

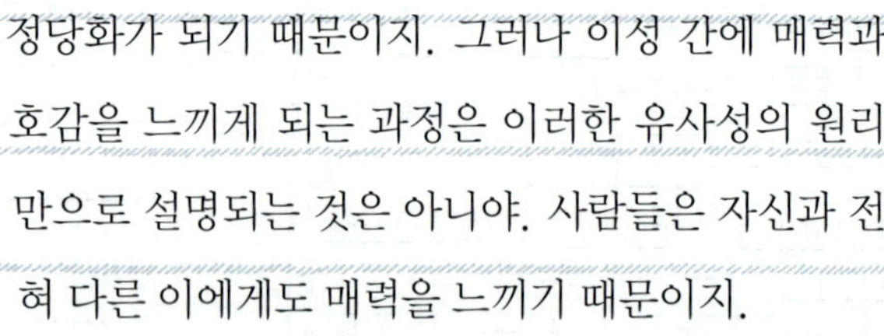

첫인상은 상대방을 평가하는 데 큰 영향력을 발휘하는데 이때 신체적 매력은 중요한 요인 중 하나야. 외모가 뛰어난 사람은 먼저 주목을 받고 호감을 얻기 마련이지. 그러나 본인이 자신의 외모를 지나치게 의식하거나 그 점을 이용하려 한다

어떤 이성에게 호감을 느끼는 것일까?

면 역효과가 낼 수도 있으니 조심하라고.

이성을 처음 접할 때 형성되는 인상은 이후의 상대방을 대하는 행동에 크게 영향을 미쳐. 인상이 형성되는 데는 얼굴, 체격, 표정, 행동, 옷차림 등 여러 단서들이 고루 영향을 미치지. 특히 행동 단서에는 몸의 움직임, 자세, 타인과의 거리 등 다양한 요소들이 포함돼. 이러한 여러 단서들을 종합하여 그 사람의 성격, 능력, 가치관, 사고방식 등을 추론하게 되지.

황금비율을 가진 밀로의 비너스 – 외모가 뛰어난 사람은 호감을 얻기 쉽다.

물론 능력도 이성의 관심을 좌우하는 중요한 요인이므로, 유능한 사람은 호감을 얻기 쉬워. 그러나 너무 뛰어나거나 완벽할 경우에는 오히려 상대가 거리감을 느낄 수도 있어.

또한 교제가 진행되는 경우에는 서로 자신의 고민이나 꿈 등을 적절한 범위에서 공개해 가는 것이 중요해. 서로 자신을 알리는 것은 보다 발전된 관계로 나아가는 데 도움이 되지. 하지만 준비가 안 된 상대에게 섣불리 시도한다거나, 긴장이나 경계심으로 지나치게 폐쇄적으로 행동하는 것도 바람직하지 않아.

아~ 정말 이성친구의 호감을 얻기란 어려워.

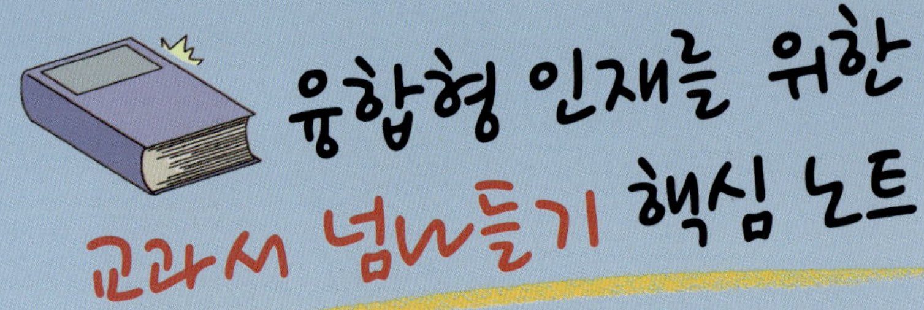

넘나들며 읽기

새롭고 창의적인 키워드를 만들어 내기 위해서는 기존의 개념을 잘 이해해야 합니다. 창의적인 것이란 이 세상에 존재하지 않는 것을 만들어 내는 것이 아니라 기존의 것들을 잘 섞고 혼합하여 폭을 넓히면서 만들어지는 것이니까요. 이 책에서 읽은 내용을 바탕으로 창의적인 사고를 펼쳐 볼까요?

협동하는 힘은 마음의 능력!

자연의 생물들은 모두 오랜 시간에 걸쳐 진화를 해 온 존재들이랍니다. 진화란 발전이 아니라 다양성이 증가되는 변화를 말해요. 쉽게 말하자면, 자연에는 매우 다른 환경들이 있고 이 환경에서 살아남기 유리한 성질들을 갖게 된 생물들이 살아남으면서 변화가 생겼다는 거죠. 만일 그렇지 못했다면 환경이 바뀔 때마다 생물들이 모두 멸종했을 거예요.

그래서 지금 살아남은 생명체들은 자신이 살고 있는 환경에 적합한 성질들을 갖고 있답니다. 추운 곳에 사는 생물들은 털이 많고 피부가 두꺼운 데다 몸이 큰 경우가 많아요. 몸이 크면 체온을 유지하기가 편리하기 때문이에요. 만일 털도 없고 벌거벗은 생물이라면 혹독한 추위 속에서 살기 힘들었을 테죠.

그런데 사람도 역시 진화의 산물이라고 한다면 우리의 마음도 진화과정 속에서 살아남기에 유리한 특징들을 갖게 되지 않았을까요? 이런 생각을 해 볼 수 있겠죠? 마음의 특징을 진화라는 생물학적 관점에서 탐구하고 이해하려는 시도를 진화 심리학이라고 불러요. 아직은 젊고 어린 학문이에요.

인류의 역사를 알고 있나요? 인류는 수백만 년 동안 아프리카의 초원에서 살다가 수십만 년 전에서야 겨우 전 세계적으로 흩어지기 시작했답니다. 그리고 농사를 짓고 정착한 것은 1만 년 전의 일이고 문자를 만들고 문화 생활을 한 것은 수천 년의 일이에요. 생물학적인 변화는 결혼과 번식을 통해서 매우 천천히 퍼져 나가고 변화하기 때문에 인류의 특징은 대부분 수백만 년 동안 생활했던 초원 위에서 만들어졌답니다. 진부 다 그런 건 아니시만요.

이렇게 초원 위에서 사냥을 하고 열매를 따던 사람들은 다음과 같이 살았을 거예요. 작은 짐승을 사냥하거나 열매를 따는 것은 혼자서도 충분히 할 수 있는 일이었겠지만, 몸집이 비교적 큰 맘모스 같은 짐승을 사냥하려면 혼자서는 어려웠겠죠. 그래서 자연스럽게 여러 사람이 협동해서 사냥을 하기 시작했을 거예요. 하지만 아직은 대규모의 사회가 형성되지 않았기 때문에 몇 명에서 몇십 명 규모의 작은 공동체가 마을을 이루며 살았을 거라고 해요. 이 공동체 안에서 남성들은 힘이 세고 잘 달릴 수 있으므로 함께 사냥을 하러 다니고, 여성들은 아이들을 낳고 기르며 집 근처에서 열매를 따는 일을 했어요. 그리고 남성들이 큰 짐승을 사냥해서 돌아오면 이 마을의 사람들이 모두 모여 한꺼번에 음식을 먹고 나누는 잔치를 벌였을 테고요. 당시에는 냉장고와 같은 물건이 없었기 때문에 고기는 오래 보관할 수 없었어요. 그래서 힘센 사람이 음식을 독차지해 봤자 별 필요가 없었어요. 공평하게 나누고 빨리 먹어 버리는 게 가장 좋은 방법이었어요.

이런 생활을 통해서 사람들은 공동체를 만들고 협력하는 것이 모두에게 이익이 되는 현명한 생활이라는 것을 알게 되었던 거죠. 그리고 비협력적인 사람보다는 잘 협동하고 살아가는 사람이 더 환영받았어요. 동굴에 사는 흡혈 박쥐들은 음식이 늘 모자라다고 해요. 그래서 자신이 다른 동물의 피를 빨고 돌아오면 주변 친구들에게 나누어 주는데, 남들에게 나누어 주는 걸 꺼리면 다른 박쥐들도 이 친구를 도와주지 않는다고 해요. 혼자서 욕심을 부리면 굶고 지내는 일이 많아지는 거죠. 대신 평소에 남에게 음식을 나누어 주면 얻어먹기도 쉽겠지요. 사람들도 이렇게 돕고 도움을 받는 일에 오래전부터 익숙해졌다는 거예요.

그래서 인류는 사회적 생존능력이 중요한 생물이에요. 친구를 믿을 수 있는지를 판단해야 하기 때문에 타인의 감정과 성격에 대해 민감해지고, 배신이나 따돌림에는 화를 내는 일이 생기는 거죠. 그래서 우리도 여전히 남들을 도우려는 성향을 갖고 있고 도움을 받으면 은혜를 갚으려는 성격을 갖고 있는 거예요.

더 생각해 보기

- 남들을 돕지 않으면 자신에게도 손해가 돌아온다고 해요. 왜 그런지 설명해 보아요.

- 사람들이 서로 더 열심히 돕고 이기적이지 않은 사회를 만들려면 어떻게 해야 할까요?

넘나들며 질문하기

창의적 독서란 책이 주는 정보를 정보 그대로 이해하는 것이 아니라 자기 것으로 만드는 독서를 일컫는 말입니다. 이 책에서 넘나들기를 한 분야 외에 세상의 많은 분야와 정보가 모두 이 책을 중심으로 뻗어나갈 수 있을 것입니다. 이 질문은 여러분들이 창의적인 상상을 할 수 있도록 도와주는 것들입니다. 최선의 답은 있으나 정답이 있는 것은 아닙니다. 책의 내용과 관련지어 다음과 같은 질문들에 간단하게 생각을 해 봅시다.

질문

성격의 유형을 분류하는 여러 가지 방법이 있지요. 다음은 마음이가 친구들을 분류한 기준이에요. A와 B가 싸운다면 어떤 이유로 싸울까요? 둘이 친구가 된다면 어떤 이유로 친구가 될 수 있을까요?

상황	A	B
문제가 생겼을 때	남을 탓한다.	자신을 탓한다.
이야기를 할 때	숲보다는 나무, 전체적인 분위기를 중심으로 말한다.	나무보다는 숲, 세부 사실을 중심으로 설명한다.
결정을 내리는 방법	감정보다는 사고 중심으로 냉정하다.	사고보다는 감정인 영향을 잘 받는다.
생활습관	엄격한 정리정돈과 꽉 짜인 시간표를 좋아한다.	즉흥적으로 내키는 대로 행동하고 싶어한다.

힌트!

성향으로 사람의 성격을 분류하는 것은 그 사람에 대해 좀 더 잘 알기 위한 것이겠죠? 친구의 성격이 어떤지 파악하고 다른 측면들에 대해서 서로 잘 이해하려고 노력해야 하지 않을까요?

아래의 두 사람은 서로 말다툼을 벌이고 있어요. 이 이야기를 읽고 우리가 어떻게 다른 사람의 마음에 대해 알게 되는지 한번 자유롭게 생각해 보아요.

장자 : "물고기가 즐겁게 뛰어 노는구나."
혜시 : "자네가 물고기가 아닌데 물고기가 즐거운지 어떻게 아나?"
장자 : "자네가 내가 아닌데, 내가 아는지 모르는지 어떻게 아나?"

정확한 답이 있는 것도 아니고, 철학적으로도 매우 어려운 질문이에요. 하지만 즐거울 때는 웃고 슬플 때 우는 것은 만국 공통이랍니다. 사람은 모두가 비슷한 점이 있다는 뜻이죠. 하지만 문화나 개인마다 서로 다른 측면도 있겠죠? 그래서 대화가 필요한 것이랍니다.

숙제가 있을 때는 컴퓨터 게임을 하지 않기로 약속한 칠칠이는 그만 약속을 어겼어요. "자꾸 하고 싶은 걸 어떻게 해!"라고 변명하는 칠칠이에게 어머니는 "새가 머리 위에서 날아다니는 건 막을 수 없지만, 새가 머리에 둥지를 틀지 못하게 할 수는 있다"는 격언을 들려주셨어요. 이 말은 무슨 뜻일까요?

우리는 의지가 약한 사람들을 비난합니다. 하지만 약물치료 혹은 초콜릿과 심리의 관계 등 뇌와 마음의 관계를 알면 사람은 항상 자기 마음대로 행동하는 게 아닐지도 모른다는 생각이 듭니다. 사람도 의지대로 자기 생각이나 행동을 바꿀 수 있을까요? 한번 생각해 보세요.

사람은 대체로 다른 사람들보다 자신의 능력을 과신하는 경향이 있다고 해요. 그래서 모든 운전자들은 자기가 평균보다 더 운전을 잘한다고 생각한대요. 시험공부를 할 때도 두 시간은 해야 하는 공부인데, 한 시간 내에 끝낼 수 있다고 과신하기 때문에 마지막에는 공부 시간이 부족한 일이 발생하는 거예요. 하지만 이런 자신감이 긍정적인 역할을 한다면 어떤 것일까요?

자신감이 있어야 행동도 하게 되죠. 하지만 지나치게 자신감을 갖고 무모한 계획을 세우기 전에, 실제로 문제를 풀거나 책을 읽을 때 어느 정도나 시간이 걸리는지 한번 재 보세요. 자신감은 갖되, 현실적인 계획을 세우는 현명함을 가져 보세요.

심리학자 하워드 가드너에 따르면 사람의 지능은 한 가지가 아니라 여러 가지로 이루어져 있다고 해요. 예를 들면, 종이접기의 모양을 보고 잘 따라하는 사람이 수학 계산은 못할 수도 있고, 말과 글을 빨리 논리적으로 이해하는 사람이 다른 사람에 대한 감정적 배려는 못할 수도 있다는 거죠. 자신의 마음은 어떤 쪽으로 발달해 있는지 스스로를 묘사해 보세요.

자신을 묘사하는 것은 반성이나 고백을 하는 것과는 거리가 멉니다. 자연을 관찰하듯이 자신을 객관적으로 바라보면 스스로에 대해 의외로 많은 것을 모르고 지나쳤다는 걸 알게 될 거예요. 자신이 가진 멋진 재능을 더 발전시키고, 부족한 점은 채워 가야 하지 않겠어요?

이어령의 교과서 넘나들기 심리편

펴낸날	초판 1쇄 2010년 12월 15일
	초판 6쇄 2013년 12월 3일

콘텐츠 크리에이터	이어령
지은이	김세라
그린이	조명원
기 획	손영운
펴낸이	심만수
펴낸곳	(주)살림출판사
출판등록	1989년 11월 1일 제9-210호

주소	경기도 파주시 문발동 522-1
전화	031-955-1350 팩스 031-624-1356
기획 · 편집	031-955-1392
홈페이지	http://www.sallimbooks.com
이메일	book@sallimbooks.com

ISBN	978-89-522-1530-7 03180
	978-89-522-1531-4 (세트)

※ 값은 뒤표지에 있습니다.
※ 잘못 만들어진 책은 구입하신 서점에서 바꾸어 드립니다.
※ 본문에 수록된 도판의 저작권에 문제가 있을 시
  저작권자와 추후 협의할 수 있습니다.